Christoph Peters

TAGE IN TOKIO

Christoph Peters

TAGE IN TOKIO

Mit Zeichnungen von
Matthias Beckmann

Luchterhand

I. Ankunft – Landschaft

Die Uhr über dem Ausgang zeigt zwanzig nach neun. Ich bin eine verkürzte Nacht lang geflogen, von Helsinki über Sibirien, dem Sonnenaufgang entgegen. Die weitläufigen Räume der Gepäckausgabe im Flughafen Narita werden renoviert oder umgebaut: nackte Betonböden, mit Plastikfolie abgehängte Wände, offene Decken, aus denen Kabel starren.

Nach zwanzig Minuten, während auf dem Band Koffer für Koffer an mir vorbeizieht, die übliche Sorge, mein Gepäck könnte verlorengegangen sein, unterlegt von der Gewissheit, dass dergleichen in Japan niemals passiert, dem Gegengedanken, dass ich in der Maschine einer finnischen Fluggesellschaft aus Finnland gekommen bin und die Finnen überdurchschnittlich viel trinken. Während ich überlege, ob es *H&M* in Tokio gibt, dass ich hier vielleicht doch besser zu *Uniqlo* gehe, um Ersatzunterwäsche zu kaufen, schiebt sich mein zerbeulter Alukoffer durch die grauen Gummilappen der Luke, unmittelbar gefolgt von dem ockerfarbenen, den ich vor einigen Jahren in Lahore gekauft habe.

Die Zöllner schauen an mir vorbei, interessieren sich nicht für das, was ich ins Land bringe.

In der Ankunftshalle erwartet mich Professor Kumekawa. Über seinen Schultern hängen zwei voluminöse, offensichtlich sehr schwere Aktentaschen. Ich verbeuge mich leicht. Es ist nur halb ernst gemeint. Der Neigungswinkel wird mit hoher Wahrscheinlichkeit nicht angemessen sein. Ich weiß weder, in welchem Verhältnis ein Universitätsprofessor und ein Schriftsteller innerhalb der komplexen japanischen Hierarchien zueinander stehen, noch, ob die Positionierung möglicherweise dadurch modifiziert wird, dass er älter und der Gastgeber ist, ich sein Gast und geringfügig jünger. Vermutlich ist Kumekawa-san die Frage, wie tief ich mich verbeuge, völlig egal, aber mir missfällt, dass ich es falsch mache – Hunderte Male falsch machen werde in den kommenden Wochen.

Da wir uns bislang immer nur in Deutschland getroffen haben, geben wir uns die Hand.

Mein Blick irrt fahrig und verständnislos umher, zugleich spüre ich eine ungewohnte Nervosität. Mir ist nicht klar, wo sie herrührt. Ich bin dankbar, dass Kumekawa-san mich abholt, obwohl er ab Mittag Seminare halten, später an diversen Fakultätssitzungen teilnehmen muss.

Wir sprechen kurz über den zurückliegenden Flug: Alles ging glatt, der Platz in der Maschine, den er mir gebucht hatte, war angenehm.

Er sagt, dass es vielleicht besser wäre, hier schon Geld zu wechseln.

Ich kenne die Preise für Tee, Keramiken, Rollbilder, Bildbände auf japanischen Internetplattformen und Kunsthändlerseiten, habe jedoch nicht die geringste Ahnung, was eine Portion Sushi oder Tenpura in einem hiesigen Restaurant kostet, wie teuer ein Metrofahrschein oder die Eintrittskarte eines Museums ist, denke, dass ich bestimmt überall mit Kreditkarte zahlen kann, entscheide mich für vierhundert Euro.

Ich muss ein Formular ausfüllen, ehe der ältere Herr am Schalter mir einen akkurat zurechtgestoßenen Stapel druckfrischer Scheine auf einem kleinen roten Tablett herüberschiebt, die ich ohne nachzuzählen in mein Portemonnaie stopfe. Ob ich zu einem guten oder einem schlechten Kurs getauscht habe, kann ich nicht einschätzen.

Die Rolltreppe hinunter zum Tiefbahnhof unterscheidet sich nicht von denen, die ich aus Berlin, Paris oder Istanbul kenne – keine Hightech-Funktionen, die irgendeinen Ablauf optimieren oder die Benutzersicherheit erhöhen, keine Roboterstimme, die Anweisungen erteilt.

Auf dieser Ebene gibt es Zeitungsgeschäfte, Imbissstände, ein Café. Auch hier auf den ersten Blick nichts Ungewöhnliches. In den Läden werden dieselben Bedürfnisse befriedigt wie an allen anderen Flughäfen. Ich würde gern eine Zigarette rauchen, doch auf die Schnelle findet sich nirgends ein Rauchplatz. So dringend, dass ich dafür den Zeitplan durcheinanderbringen muss, ist es nicht. Bunte Schilder, Anzeigetafeln,

Bildschirme weisen auf Wichtiges und Unwichtiges hin, gelten jedoch nicht mir. Ich weiß, dass im Japanischen Schriftzeichen aus drei verschiedenen Systemen nebeneinander benutzt werden: Kanji, die im Wesentlichen mit den chinesischen Wortzeichen identisch sind; dazu kommen Katakana und Hiragana, die jeweils einzelnen Silben entsprechen. Ich kann sie weder auseinanderhalten noch lesen.

Vielleicht hat meine Verunsicherung auch damit zu tun, dass mein innerer Dechiffriermodus, dessen Aktivität ich normalerweise gar nicht wahrnehme, unter Hochdruck arbeitet, ohne dass meinem Bewusstsein relevante Informationen übermittelt werden.

An den Wänden reihen sich Automaten aneinander, dazwischen die Ticketschalter unterschiedlicher Bahnlinien. Vor keinem hat sich eine Schlange gebildet.

Während Kumekawa-san Fahrkarten für uns kauft, warte ich neben den Koffern, stelle fest, dass unter vielen der japanischen Schriftzüge die englische Übersetzung steht, dass die Zahlen arabische Zahlen sind, und fühle mich trotzdem nicht angesprochen.

Ich denke den Gedanken »Ich bin in Japan«, Wort für Wort. Es ist das erste Mal, obwohl es kein Land, keine Kultur gibt, mit der ich mich in den vergangenen fünfunddreißig Jahren intensiver beschäftigt habe.

Vor einigen Tagen hat meine Nachbarin Anna zu

mir gesagt: »Du bist bestimmt sehr aufgeregt, dass du jetzt endlich dorthin fliegst.«

»Nicht besonders«, habe ich geantwortet. »Warum auch?«

»... weil es ja sein kann, dass es ganz anders ist, als du erwartet hast – vielleicht bist du enttäuscht.«

Alex, der als Kurator für japanische Kunst in einem großen Museum arbeitet und schon zu vielen, langen Aufenthalten hier war, sagte bei unserem letzten Treffen: »Ich bin sicher, nachdem du in Japan gewesen bist, willst du nie wieder darüber schreiben.«

Wibke, die für die Japan-Abteilung eines anderen Museums zuständig ist, meinte: »Als weißer Mann wirst du dort eine großartige Zeit haben.«

Mir ist verschiedentlich aufgefallen, dass bei einigen meiner Freunde und Bekannten, die mit Japan befasst sind, eine latente Gereiztheit mitschwingt, sobald die Rede auf das Land kommt, doch die Antworten, wenn ich nach Gründen frage, bleiben jedes Mal vage wie bei einem dunklen Familiengeheimnis.

Kumekawa-san kehrt mit den Fahrkarten zurück. Wir schieben sie in die Schlitze der Kontrollschleuse, die lediglich durch Lichtschranken gesichert ist, nehmen eine weitere Rolltreppe hinunter zu den Gleisen.

Laut Anzeigetafel fährt der Zug in zwölf Minuten.

Auf dem Bahnsteig warten nur wenige Leute. Mich beschleicht ein sonderbares Gefühl, dass irgendetwas nicht stimmt. Es dauert einen Moment, bis ich den

Auslöser der Irritation begreife: Aufgrund von Fernsehberichten, Fotostrecken und Journalistentexten hat sich bei mir im Lauf der Jahrzehnte die Vorstellung verfestigt, dass japanische Nahverkehrszüge notwendigerweise überfüllt sind, von gleichgeschalteten Massen, die sich in die Waggons drängen, notfalls von Bahnhofsaufsehern hineingestopft werden wie Vieh. Dazu die diffuse Idee, dass Japaner durch soziale, vielleicht sogar genetische Besonderheiten in der Lage sind, die unablässige Verletzung des menschlichen Grundbedürfnisses nach Minimaldistanz zu den Artgenossen ergeben hinzunehmen. Auch sonst herrscht eine für Bahnhöfe oder U-Bahn-Stationen ungewohnte Ruhe. Die wenigen, die hier warten, reden nicht miteinander – und wenn, dann nur leise –, niemand spricht in sein Telefon, als wollte er sämtliche Mitreisenden über seine persönliche Lage in Kenntnis setzen.

Ich sage, weil es in der Welt, aus der ich gerade gekommen bin, in dieser Situation peinlich wäre, einfach zu schweigen, wie großartig es ist, endlich hier zu sein, dass ich auf so viele Dinge neugierig bin, keineswegs nur auf Museen, Kunstschätze, Tempel und Gärten, genauso auf das Japan der Gegenwart, Wolkenkratzer, Einkaufszentren, die Metro, auf die berühmten Combini, über die ich erst neulich einen interessanten Roman – *Die Ladenhüterin* – gelesen habe, auf das Essen und natürlich auch auf die Arbeit mit den Studenten.

Meine Stimme klingt unangemessen laut, das, was ich sage, erscheint mir selbst konfus. Es kann an der Müdigkeit liegen, obwohl ich mich gar nicht müde fühle, trotz der Nacht im Flugzeug. Ich weiß nicht, ob ich überhaupt geschlafen habe, erinnere mich an einen ausgedehnten Zwischenzustand mit geschlossenen Augen, dazwischen ein halb finnisches, halb japanisches Bordmenü, Rindergulasch und kalte Udon-Nudeln; später stumme Schnipsel eurasischer Fantasy-Action auf dem Bildschirm des Sitznachbarn.

»Der Boxkampf wird bestimmt auch interessant«, sagt Kumekawa-san.

»Darauf freue ich mich natürlich besonders. Es ist mein erster Kampf, live am Ring.«

Neben seiner Beschäftigung mit deutscher Gegenwartsliteratur ist Kumekawa-san ein bekannter Experte für Boxsport, außerdem Spezialist für Godzilla-Filme, Jazzenthusiast und Vorsitzender der japanischen Goethe-Gesellschaft. Vor gut einem Jahr, an unserem ersten gemeinsamen Abend in Berlin, haben wir länger über Ali, Foreman, Frazier und die aktuell besten Schwergewichtler Deontay Wilder, Tyson Fury, Luis Ortiz und Anthony Joshua gesprochen als über Kunst oder Literatur. Es ist ihm gelungen, Karten für den – aus japanischer Sicht – bislang wichtigsten Kampf des Jahrhunderts zu besorgen, der zugleich das Finale der *World Boxing Super Series* ist: Naoya Inoue gegen Nonito Donaire.

Der Zug fährt ein. Von außen ähnelt er einem ICE oder TGV. Innen herrschen gedeckte Farben, mattes Silber, fahles Grün, Brauntöne. Der Sitz ist bequem, aber nicht so, dass man nie wieder aufstehen möchte – ein gewöhnlicher Sitz in einem modernen Hochgeschwindigkeitszug.

Nachdem er sich in Bewegung gesetzt hat, folgt eine längere Ansage, erst Japanisch, dann Englisch. Ich frage mich, welchen Sinn der Satz »All seats are reserved« angesichts der Tatsache hat, dass mehr als die Hälfte der Plätze unbesetzt sind. Zum Schluss Chinesisch. Offenbar kommen so viele Touristen aus China, dass es den Behörden angeraten erscheint, sie direkt anzusprechen, damit sie keine schwerwiegenden Fehler machen und nicht verlorengehen. Ich muss die jüngsten politischen Entwicklungen in Ostasien verpasst oder falsch gedeutet haben, denn bislang war ich wie selbstverständlich davon ausgegangen, dass die Beziehungen zwischen beiden Ländern angespannt sind, wegen konkurrierender Besitzansprüche auf diverse Inseln im Chinesischen Meer, der Unterstützung Chinas für Nordkorea, nicht zuletzt infolge der schwach ausgeprägten Bereitschaft der Japaner, sich kritisch mit der eigenen Rolle als Kolonialmacht und Kriegspartei auf dem chinesischen Festland während der ersten Hälfte des 20. Jahrhunderts auseinanderzusetzen.

An den Wänden des Tunnels blitzen in schnellem Rhythmus Neonleuchten auf, unterbrochen von kurzen Ausblicken auf dicht bewachsene Hügel, schmale Waldschluchten, von Efeu überwuchertes Buschwerk. Ein großer Parkplatz für Pendler zieht vorbei. Vielleicht sind es auch Stellflächen für frisch vom Band gelaufene Wagen eines Automobilwerks, wie ich sie von Bahnfahrten rund um Wolfsburg oder Rüsselsheim kenne.

Weitere Tunnel folgen, wechseln sich mit Bergkuppen, Sicherungszäunen, Schallschutzwänden ab, immer längere Ausblicke auf Steilhänge unmittelbar neben der Strecke. Nach einer Weile öffnet sich die Landschaft. Der Horizont ist weit, aber nicht unbegrenzt. Die Sonne steht vor wolkenlosem, durch die leichte Tönung des Fensters tiefblauem Himmel. Ein klarer Sommertag im Herbst, kraftvolle Farben, scharfe Schatten, nicht anders als bei vergleichbarer Wetterlage in Deutschland – warum auch? Es ist dieselbe Sonne, die knapp 9000 Kilometer westlich von hier auf Berlin oder das Rheinland scheint – acht Stunden später und ganzjährig aus einem anderen Winkel: Tokio liegt auf demselben Breitengrad wie Nikosia auf Zypern oder Tanger in Marokko.

Zwischen bewaldeten Erhebungen erstrecken sich rechteckige Ackerflächen. Ich nehme an, dass es sich um Reisfelder handelt. Sie sind zu allen Seiten von niedrigen Wällen eingefasst, weil sie während einer bestimmten Wachstumsperiode vollständig unter Wasser stehen müssen. Hinter fernen Wipfeln tauchen hier und da die oberen Stockwerke vereinzelter Hochhäuser auf. Eine voluminöse Betonbrücke schlägt eine Schneise in den Wald. Es ist derselbe Typ, den man auch in Deutschland Ende der 70er, Anfang der 80er Jahre gebaut hat. Einzelne Baumgruppen, Haine, satte Grüntöne in unzähligen Abstufungen, dazwischen kleinere Ansiedlungen, vermutlich Bauernhöfe und Handwerksbetriebe, die im weitesten Sinne für die Landwirtschaft tätig sind. Inmitten halbwilder Vegetation Fernwärmerohre, mächtige Strommasten, Überlandleitungen. Einen kurzen Moment lang meine ich, die Spitze einer modernistischen Pagode zu erkennen. Vielleicht ist es auch ein Wasserturm. Dann kleinere Industrieansiedlungen: Wellblechhallen, Containergebirge, ein Parkhaus.

»Die Landschaft ist interessant«, sage ich zu Kumekawa-san, meine aber eigentlich, dass ich mich darüber wundere, wie wenig sie sich von bestimmten Gegenden in Hessen oder dem Weserbergland unterscheidet, nur dass dort Mais, Weizen oder Hafer statt Reis angebaut werden.

Während ich aus dem Fenster schaue, so viel wie möglich aufzunehmen versuche, merke ich, dass meine Augen unablässig auf der Suche nach etwas Bestimmten sind, von dem ich nicht weiß, was es ist, das ich aber sofort erkennen würde, wenn es dort draußen in Sicht käme. Etwas nie Gesehenes, das mir zugleich vollkommen vertraut wäre – der unwiderrufliche Beweis, dass ich tatsächlich in Japan bin. Dazu die unausgesprochene Erwartung, dass daraufhin eine innere Wandlung einsetzen wird, wie man sie sonst erlebt, wenn man den geweihten Bereich einer alten Pilgerstätte betritt. Selbst die Pflanzen müssten eine andere Beschaffenheit, einen anderen Ausdruck haben.

»Du hast großes Glück, die Wettervorhersage ist sehr gut«, sagt Kumekawa-san. »Vorletzte Woche hatten wir noch den schwersten Taifun seit sechzig Jahren. Es gab viele Überschwemmungen überall.«

Ich habe im Radio davon gehört.

Man muss sich nicht mit den Lehren des Zen-Buddhismus beschäftigt haben, um zu wissen, dass Erwartungen grundfalsch sind, insbesondere wenn sie die Wahrnehmung auf den verschwommenen Ebenen unterhalb von Reflexion und kritischem Verstand einfärben. Ganz gleich, ob sie sich als zutreffend oder abwegig erweisen, zerstören sie die Offenheit für das einmalige Erlebnis jedes Augenblicks – in vertrauter Umgebung ebenso wie in der äußersten Fremde. Die einschlägigen Zeitschriften, Ratgeber zu Psychologie, Lebensführung, Glück, veröffentlichen in regelmäßigen Abständen Artikel über die fatalen Folgen von Erwartungen für Liebe, Familie, Beruf und Freizeit. Nur das unvoreingenommene Bewusstsein in seiner fortwährenden Gegenwärtigkeit ermöglicht wirklich authentische Erfahrung, die einen beschenkt, bereichert und dankbar zurücklässt, während Erwartungen alles, was einem begegnet, vergiften.

Kumekawa-san sagt: »Bald beginnt auch die Verfärbung des Herbstlaubs, wahrscheinlich, wenn wir in Kyoto sind. Der November ist eigentlich die beste Zeit, um Japan zu besuchen.«

Natürlich kenne ich unzählige Fotos der zinnoberroten Ahornbäume, leuchtend gelben Ginkgos von Postkarten und Kalendern, doch in meiner inneren Vorstellung japanischer Landschaften kommen sie kaum vor, im Grunde sind sie mir viel zu bunt – wie mich auch die Kirschblüte nie interessiert hat.

Ich weiß nicht mehr genau, woher meine ersten Bilder japanischer Landschaften stammen, wahrscheinlich aus den Kunstbänden der Schulbibliothek: Nebel über den Bergspitzen von Sesson, Tōhakus Kiefern, die wie Geister aus dem Dunst auftauchen, Sesshūs schroff aus dem Meer ragende Felsen, eine Hütte am Hang, Tuschespuren, die zu Bäumen gerinnen, ein verlorener Nachen – all das hingeworfen in einer einzigen Bewegung, so selbstvergessen, als hätte der Wind die Hand des Malers geführt. Später Filmbilder, noch immer schwarzweiß, das tausendfach gebrochene Licht in Kurosawas Wäldern, Regen, der auf die Blätter prasselt und niemals enden will, aber dann von einem Moment auf den anderen doch vorbei ist, so plötzlich, wie er begonnen hat. Während der letzten Jahre schließlich Tausende Stunden virtueller Fahrten am Steuer von Google Streetview, um Romanschauplätze zu finden, die Atmosphären des gegenwärtigen Japan aufzusaugen, Stadtschluchten, verschlafene Vororte, Golfplätze, Shinto-Schreine, stille Bergtäler im Umland. Merkwürdigerweise sind mir selbst die Computerbilder immer weitaus japanischer erschienen als das, was gerade in hohem Tempo an mir vorbeirauscht.

Rechts jetzt leuchtend gelbe Rapsfelder und Birkenwald wie in Brandenburg. Allerdings fehlen die großen Weidetiere. Es scheinen weder Rinder, noch Pferde, noch Schafe gehalten zu werden. Ich staune, wie dünn die Gegend besiedelt ist, hier, zwischen Tokio und seinem zweitwichtigsten Flughafen, mitten im größten und bevölkerungsreichsten Ballungsraum der Welt.

Da, wo sich Firmen angesiedelt haben, sind teilweise japanische Schriftzüge auf den Dächern, an Hallenwänden, viele haben sich allerdings für lateinische Buchstabenlogos und Kürzel entschieden – vermutlich Fabriken, Handelskompanien, die international operieren. Auch auf dem Weg zum Flughafen Tegel leuchten an den Gebäuden chinesischer, vietnamesischer, arabischer oder indischer Import-Export-Unternehmen fremde Zeichen. Schrift beweist schon lange nichts mehr.

Doch dann, auf der linken Seite, plötzlich eine ausgedehnte Wasserfläche zwischen sanft ansteigenden Hängen, wie ich sie von Tuschebildern oder Holzschnitten kenne: Hokusais *36 Ansichten des Berges Fuji* oder Hiroshiges *Hundert berühmte Ansichten von Edo*. Es sind die gleichen scharf geschwungenen Linien, wie sie sich in den abstrahierten Flächen der Drucke finden, wenn Wasserläufe oder Seen dargestellt werden. Die angrenzenden Felder setzen ihre entschlossenen Geometrien in Parallelperspektive dagegen, vor dem Horizont zweidimensionale Wälder. Was mir vor allem ins Auge springt, sind die sonderbaren Käfig- oder Netzkonstruktionen im Wasser: jeweils vier Pfähle, die rechtwinklig, mit vielleicht anderthalb Metern Abstand zueinander, fünfzig oder siebzig Zentimeter über die Oberfläche ragen. Die meisten befinden sich in Ufernähe, einige jedoch sind lose bis in die Mitte des Gewässers verstreut. Von den Pfählen führen Taue in die Tiefe. Manchmal sieht man die Spitze eines gespannten Netzes, das daran befestigt ist, hier und da hängt eins vollständig in der Luft. Sie ordnen die Wasserfläche wie knappe Trommelschläge in einem präzise unregelmäßigen Rhythmus. Trotzdem steht jedes der Gebilde für sich allein und strahlt diesen Abgrund an Einsamkeit aus, der den Anblick alter japanischer Landschaftsbilder ebenso schmerzhaft wie tröstlich macht.

»Was sind das für Netze?«, frage ich.

Obwohl sie mir auf Abbildungen schon oft aufgefallen sind, habe ich nie darüber nachgedacht, um was es sich handelt. Sie waren einfach da, so zweifellos richtig, dass es keine Rolle spielte, ob sie jenseits des Kompositorischen eine Funktion hatten, und falls ja, welche?

Kumekawa-san sagt: »Das ist eine alte Technik, um kleine Fische zu fangen. Ich weiß nicht, wie sie auf Deutsch heißen. Die Fische sind vielleicht so lang wie ein Finger. In die Netze werden Büschel von Zweigen gehängt, wahrscheinlich Weidenzweige. Dann kommen die Fische und verstecken sich dazwischen. Wenn der Fischer später mit seinem Boot zu den Netzen fährt und sie herauszieht, bleiben die Fische zwischen den Büscheln. Man muss sie nur einsammeln. Sie werden in heißem Öl frittiert. Das ist eine Spezialität in dieser Gegend.«

Für einen kurzen Moment falle ich aus der Zeit, in einen anderen Raum am selben Ort. Ich bin nicht einmal sicher, ob er in der Vergangenheit liegt – einer Vergangenheit, die ich weder besucht habe, geschweige denn, dass ich in ihr gelebt hätte. Dennoch erscheint sie vertrauter als der schnurgerade Kanal, der sich für eine Weile parallel zu den Gleisen hinzieht, von Autobahntrassen abgelöst wird (offenbar sind die Autobahnschilder auch in Japan blau), Schallschutzwänden aus Beton, die sich nicht von denen in Deutschland unterscheiden, den Mittelgebirgsausläufern, die jetzt wieder nah an die Strecke

heranrücken und ebenso gut in Thüringen auf dem Weg nach München liegen könnten. Durch die Netze im See haben sie einen anderen Ausdruck angenommen. Vermutlich handelt es sich um eine Wahrnehmungsverschiebung mittels Simultankontrast, den es offenbar nicht nur in der Interaktion aneinandergrenzender Farben gibt. Oder es ist etwas ganz anderes: Ebenen kollektiven Unterbewusstseins, die, lange bevor es moderne Kommunikationstechniken gab, Bilder und Wissen rund um die Welt verbreitet und eingelagert haben. Oder Schemen von Eindrücken aus vormaligen Inkarnationen, die ohne Form in eingekapselten Seelenschichten auf welche Weise auch immer überdauert haben und plötzlich eine Reaktion hervorrufen, so wie beim Ausräumen des Elternhauses angesichts eines bestimmten Silbertabletts oder der verrosteten Drehleier im Werkzeugkasten des Vaters plötzlich eine vergessene Empfindung aus den schwarz verhangenen Kammern der Kindheit freigesetzt wird.

Ich denke nicht, dass ich an so etwas glaube, aber eine andere Erklärung habe ich einstweilen nicht.[1]

Über dem Rand der grauen Mauer gleiten die obe-

---

1 Als ich Wochen später zu Hause all meine Bildbände mit japanischen Holzschnitten und Gemälden auf der Suche nach diesen Netzkonstruktionen durchblättere, finde ich nicht ein einziges Blatt, keine Hängerolle und keinen Stellschirm, auf dem sie dargestellt sind.

ren Stockwerke eines mittelgroßen Wohnhochhauses im Stil der 1960er vorbei. Worin unterscheidet es sich von dem hässlichen Klotz gegenüber der Autobahnbrücke in Mainz, in dem ich vor dreißig Jahren eine Zeitlang mein Leben verbracht habe? Sind die Proportionen vielleicht doch ein wenig anders, tragen zumindest das Echo japanischer Formensprache in sich? Einige der freistehenden Häuser verweisen jedenfalls auf Vorbilder, die nicht dem Kanon der globalisierten Moderne entstammen. Man müsste sie ausmessen: Höhe zu Breite zu Tiefe, das Verhältnis der Dächer zum übrigen Gebäude. An welcher Stelle innerhalb der Wände und in welchem Abstand zueinander befinden sich Türen und Fenster. Vielleicht erhielte man nach diversen Rechenoperationen einen Quotienten, der sich deutlich von dem unterschiede, den westliche Architekturen ergäben. Damals in Mainz, als ich noch geometrische Kunst gemacht habe, war ich über viele Jahre täglich mit solchen Dingen beschäftigt, um etwas über die spezifische Ausdrucksqualität unterschiedlicher Maßverhältnisse zu erfahren – die Zahlwerte der Schönheit zu finden.

Wieder verstellen bepflanzte Lärmschutzwälle den Blick, anschließend nackter Beton, darin die fließend gebrochenen Reliefs der Schalbretter. Wir fahren durch eine Talschlucht aus Grau. Am Rand meines Gesichtsfelds sausen Giebel, Balkone, Strommasten, Laternenspitzen vorbei. Es scheint, als würde die Bebauung dahinter allmählich dichter. Als die Mauern abrücken, sind wir tatsächlich in der Stadt – in den Gebieten, die man »Vorstadt«, »Trabantenstadt«, »Satellitenstadt« nennt. Vielleicht sind das auch die falschen Begriffe für ein urbanes Megagebilde wie Tokio, und es ist sinnlos, in einem zusammenhängenden Siedlungsgebiet von 35 000 Quadratkilometern nach dem einen Zentrum zu suchen, auf das alles andere ausgerichtet wäre wie Eisenspäne auf einen Magneten. Wohnblocks, Mietkasernen, Wellblechhallen wechseln sich mit Vierteln aus niedrigen, teilweise einzeln stehenden Häusern ab. Das unendlich verzweigte, verwirrend chaotische Netz der oberirdischen Stromversorgung ist mir schon auf meinen Bildschirmreisen aufgefallen. Irgendjemand hat mir erklärt, dass man die Kabel hier deshalb nicht unter der Erde verlegt, weil sie dort unten die Stöße der ständigen Erdbeben nicht ausschwingen könnten und deshalb viel eher zerreißen würden.

Ich will eine Bemerkung machen, über Japan, Tokio, das, was ich sehe, doch alle Sätze, die ich durchspiele, sind falsch. Ihre Grundlage wären nicht die Dinge, die dort draußen vor dem Fenster vorbeiziehen, sondern Bildstrecken auf meinem Computer, aus Spielfilmen, Dokumentarfilmen, Büchern. Was immer ich sagen würde, bliebe das Geschwätz eines Hochstaplers, der sich akribisch auf seine neue Rolle als Chefarzt vorbereitet hat und jetzt zum ersten Mal einem echten Patienten gegenübersitzt. Gerade weil ich all diese Ansichten, Panoramen und Details wiedererkenne, habe ich den Eindruck, dass die Wirklichkeit vor meinen Augen eine Imitation virtueller Erfahrungen ist und nicht umgekehrt – wie es in allen Zeiten vor unserer der Fall gewesen wäre.

Wir rasen durch verschlafene Bahnhöfe, wo kaum jemand auf einen Zug wartet, fahren über Brücken, unter Brücken, zwischen Brücken, bewegen uns durch einen Strom aus Linien, die sich unablässig verschieben, nähern, entfernen, über uns hinwegziehen, unter uns verschwinden, Betonkonstruktionen, Stahlkonstruktionen, Seilkonstruktionen. Dann wieder Ausblicke auf die unendlich vielgestaltige Landschaft der Stadt. Sonnenbeschienene Hochhäuser leuchten wie ausgeschnitten vor der makellos blauen Fläche des Himmels.

Damals, im 19. Jahrhundert, als die Holzschnittmeister ihre Ansichten von Edo gezeichnet haben, gab es weder Stahlbeton noch Wolkenkratzer. Die Bebauung ging, abgesehen von Pagoden, Shinto-Schreinen, Tempeln, selten über die Höhe von zwei, drei Stockwerken hinaus. Trotzdem stellt sich angesichts der ineinandergeschachtelten Gebäude eine ähnliche Abstraktion ein wie auf den alten Drucken, als würden die Konturen von ihrer Körperlichkeit abgelöst und in ein Gefüge klar umgrenzter Flächen verwandelt. Ich frage mich, ob es daran liegt, dass sich meine inneren Japan-Bilder durch die jahrzehntelange Betrachtung von Kunst zu unverrückbaren Wahrnehmungsschemata verfestigt haben, die sich jetzt wie eine Folie über die Außenwelt legen? Oder ob es doch eine Eigentümlichkeit des hiesigen Lichts ist, das die Szenerien auf eine besondere Weise beleuchtet, so dass ihre Auflösung in Flächenkompositionen jenseits des illusionistischen Raums als die einzige Möglichkeit erscheint, sie angemessen ins Bild zu setzen?

Kumekawa-san sagt: »Ich hoffe, dass das Ryokan in Ordnung ist, das ich für dich ausgesucht habe. Ich kenne es selbst noch nicht, aber es liegt in einem sehr interessanten Viertel, Ningyōchō. Man könnte es die Altstadt von Tokio nennen. Dort ist es auch gut, um spazieren zu gehen.«

»Ich bin nicht so…« – »anspruchsvoll« will ich sagen, breche aber ab, weil mir der Gedanke durch den Kopf schießt, Kumekawa-san könnte es missverstehen und meinen, ich dächte, dass er mich vielleicht in einer Absteige untergebracht hätte, sage stattdessen: »Es wird bestimmt sehr schön sein.«

Womöglich stelle ich mir Japaner trotz allem immer noch komplizierter vor, als sie in Wirklichkeit sind.

»Die meisten wollen lieber in Hotels mit Businesskomfort wohnen«, sagt er.

»So was habe ich in Deutschland auch und finde es ziemlich langweilig.«

Wir überqueren einen Fluss, der so breit ist wie der Rhein zwischen Köln und Düsseldorf und auf ähnliche Art von weitläufigem Vorflutgelände, hohen Deichen eingefasst wird. Er leuchtet silberblau zwischen ausgedehnten Wiesen und breiten Sandbänken, aus denen die Regenmassen des Taifuns Terrassenprofile mit scharfen, unregelmäßigen Abbrüchen herausgeschnitten haben. Es sind weder Leute beim Picknick noch Hundehalter zu sehen. Einen Augenblick lang weiß ich nicht, woher die Millionen Glitzerpunkte zu beiden Seiten der Brücke stammen, bis ich begreife, dass es sich um riesige Halden angeschwemmter Plastikflaschen handelt – ein Anblick, mit dem ich hier tatsächlich auf keinen Fall gerechnet hätte. Wahrscheinlich sind die Reinigungskräfte noch nicht dazu gekommen, die Außenbezirke aufzuräumen. Das Unwetter liegt erst wenige Tage zurück, in den deutschen Nachrichten war von zahllosen Überschwemmungen im ganzen Land die Rede.

Bis jetzt habe ich nirgends die grellen Werbetafeln, vielfarbig blinkenden Neonlichtbilder, Megabildschirme entdeckt, auf denen schnell geschnittene Spots für Kosmetikprodukte, Fastfood, die neuesten Modelle der Autoindustrie flackern.

Wir fahren über einen weiteren Flusslauf. Auf Gruppen moderner Wohnblocks mit zwanzig oder dreißig Stockwerken folgen immer wieder Bezirke, die wie endlose Kleinstädte wirken: Ziegeldächer in mittleren Rottönen, verschiedenen Abstufungen Grau, gelegentlich sind auch blaue und grüne Glasuren dazwischen. Ihre Neigungswinkel sind tatsächlich flacher als in Deutschland.

Und dann taucht in der Ferne zwischen zwei weißen Hochhäusern der Fuji auf, das Urbild aller Berge, schneebedeckt und unwirklich wie eine Himmelserscheinung. Aus irgendeinem Grund fällt mir der Briefmarkenblock wieder ein, den mir der alte Pater Willms, der dreißig Jahre als Steyler Missionar in Japan gewesen ist, geschenkt hat, als ich fünf oder sechs war. Er enthielt zwei Marken nebeneinander: Die linke zeigte ein goldenes Sonnensymbol vor rotem Grund, die rechte den Fuji, wie er sich aus Nebelschwaden über dem Ozean erhob. Beide schwebten vor dem veilchenfarbenen Oval einer Weltkarte. Den Marken fehlte die Perforation, und der Name des Landes war »Nippon«, obwohl es sich doch unzweifelhaft um Japan handelte.

»Da ist der Fuji«, sage ich, weil Kumekawa-san mit dem Rücken zur Fahrtrichtung sitzt und ihn nicht sieht.

Er steht auf, dreht sich um, schaut aus dem Fenster und nickt: »Wie schön, dass er sich heute zeigt. Das ist ein sehr gutes Omen für deine Reise.«

II. Ein Ryokan in Ningyōchō

Während der Fuji noch einige Male zwischen den Häusern auftaucht und schließlich verschwindet, sinne ich Kumekawa-sans Bemerkung nach, sein Erscheinen sei ein sehr gutes Omen, und frage mich, ob sie ernst gemeint war oder selbstironisch oder einfach so dahingesagt.

Theoretisch weiß ich, dass Japaner sehr abergläubisch sind, aber dieses Wissen ist in meinem inneren Japan überlagert von der klaren Rationalität des Zen, von technikbesessenem Funktionalismus, strengen Hierarchien und allgegenwärtigen Ritualisierungen.

Wenn man sich mit einem anderen Kulturraum länger, aber nicht lange genug beschäftigt, setzen sich die diversen Einblicke, die man im Lauf der Zeit gewonnen hat, gern zu einer fiktiven Vollständigkeit zusammen, selbst wenn einem theoretisch bewusst ist, dass man unendlich viel außer Acht gelassen hat und jeder Einzelne dort genauso eigenwillig und einzigartig ist wie überall sonst. Je weniger unmittelbar die persönlichen Begegnungen waren, desto geschlossener wird das Bild. Hat man erst eine gewisse Anzahl zueinander passender Informationen zusammengetragen, dazu ein paar Beobachtungen bei einer Reihe von

Menschen einer anderen Gruppenzugehörigkeit oder -zuschreibung gemacht, verfestigt sich die vage Idee einer gemeinsamen Identität der Anderen schließlich zu einer schlüssigen Typologie. Überall entdeckt man fortan Belege für kollektive Eigenarten, Denkweisen, Verhaltensmuster, die wiederum als unausweichliches Ergebnis religiöser, kultureller, politischer und sozialer Prägungen gedeutet werden. Benimmt oder äußert sich jemand aus der entsprechenden Gruppe wider Erwarten plötzlich anders, führt es in der Regel nicht dazu, dass wir unsere Stereotypen in Zweifel ziehen, sondern der Fall wird kurzerhand zur Ausnahme erklärt, die ja bekanntlich nur die Regel bestätigt: Ein Japaner, der in der Öffentlichkeit lautstark herumpöbelt, ist nicht einfach ein Individuum mit schlechtem Benehmen, sondern in erster Linie ein aus der Art geschlagener Vertreter seines Landes, über den man sich eher wundert als ärgert.

Diese Art kategorisierender Mythenbildung entsteht nicht nur im Hinblick auf fremde Länder oder Religionen. Sie setzt ein, ohne dass ich es überhaupt bemerke, sobald ich für mich selbst irgendeine Gruppenzugehörigkeit angenommen habe. Dabei spielt es eine untergeordnete Rolle, ob ich mich mit einer Nation, einer Religion, einer Firma, einer Partei, einem Sportverein oder einer bestimmten Kleingartensiedlung identifiziere. Mein Vater hat für die Bewohner der verschiedenen Nachbardörfer, die teilweise nur drei oder vier Kilometer von unserem entfernt liegen und allesamt linksrheinisch-niederrheinisch-katholisch waren, genaue Charakterisierungen zur Hand, die vermutlich seit Generationen weitergegeben werden, obwohl sie den Umgang miteinander nur selten erleichtern.

Gleichwohl ist dieser Mechanismus keine Eigenart besonders provinzieller, chauvinistischer oder sonst wie beschränkter Leute, sondern überall auf der Welt durch sämtliche Schichten verbreitet, und er setzt bereits früh ein: Schon nach wenigen Wochen nehmen Schüler der Klasse A die Schüler der Klasse B als »anders« wahr: Die Mitglieder der Nachbargruppe sind dümmer, arroganter, aggressiver oder sonst irgendwie sonderbar, jedenfalls unterscheiden sie sich fundamental von denen des eigenen Verbands. Man versteht sie nicht, und am besten hat man möglichst wenig mit ihnen zu tun.

Dem exklusiven »Wir-Gefühl« korrespondiert auf der anderen Seite, speziell bei Eigenbrötlern, Sonderlingen, Querköpfen, denen die Umstände, Denkweisen, Strukturen im eigenen Umfeld aus welchen Gründen auch immer missfallen, Verklärung, Idealisierung, Bewunderung des Anderen, insbesondere weit entfernter Lebensformen, Sitten und Gebräuche: Überall ist es besser als hier. Bei uns herrschen wahlweise Zügellosigkeit oder Verklemmtheit, Oberflächlichkeit oder reaktionärer Fundamentalismus, kultureller Niedergang oder elitäres Philistertum, während die Menschen anderswo moralischer oder sinnlicher, tiefgründiger oder offener, gebildeter oder herzenswärmer sind. Die vielfältigen Spielarten von Exotismus und Orientalismus, bis hin zur Auswanderung, Konversion oder Adaption fremder Verhaltensweisen, Lebensstile, Riten durch einzelne Grenzgänger zeugen davon.

Für beide Reaktionsmuster – Fremdenfeindlichkeit wie Verklärung des Fremden – gibt es eine Reihe von Gründen, die teilweise weit in die Vor- und Frühgeschichte zurückreichen. Die ursprünglichen menschlichen Verbände, die durch die Savanne streiften, bestanden aus mehr oder weniger nahen Verwandten, hatten dementsprechend ähnliche Züge und begegneten selten Artgenossen aus weit entfernten Gegenden, die sich phänotypisch oder kulturell stark von ihnen unterschieden. Naturgemäß hatten sie auch keine Reisemagazine oder Handyvideos, mit deren Hilfe sie zumindest eine Ahnung vom Leben in anderen Teilen der Welt hätten entwickeln können.

Sobald sich eine Gruppe konstituiert hat – auch das kann man schon bei Schulklassen beobachten –, entwickeln sich binnen kurzer Zeit Mimik und Gestik, Handlungs- und Sprechweisen zu einem jeweils eigenen, äußerst komplexen und nuancenreichen Zeichensystem, dessen Grammatik denen, die darin aufgewachsen sind, vertraut ist, so dass sie schon subtile

Vorstufen von Äußerungen ihrer Gruppenmitglieder mit einer gewissen Wahrscheinlichkeit richtig deuten. Bei den Menschen, die mir nahestehen, erkenne ich am Augenaufschlag oder einem bestimmten Stirnrunzeln, dem Heben und Senken der Stimme, was sie denken, und kann darauf reagieren, lange bevor eine Situation eskaliert.

Der Fremde hingegen ist – zumindest auf den ersten Blick – nicht lesbar. Man weiß nicht intuitiv, was er meint, wenn sein Nasenflügel vibriert, ob er die Hand zum Gruß oder zum Angriff hebt. Dementsprechend stellen sich Zweifel ein, ob man ihm vertrauen kann: Es ist Vorsicht geboten.

Auf der anderen Seite ist der Mensch aber auch chronisch neugierig, langweilt sich schnell und gibt sich nie mit dem zufrieden, was er hat. Insofern ist jeder Unbekannte, der von weither im eigenen Lager auftaucht, ganz egal, wie merkwürdig er aussieht oder wie sonderbar er sich benimmt, immer auch ein Hoffnungsträger. Vielleicht kann er uns Gegenden verraten, wo es besonders viel Jagdbeute gibt. Womöglich haben sie dort, wo er herstammt, Werkzeuge oder Techniken entwickelt, mit denen sich das Leben nachhaltig verbessern ließe; nicht auszuschließen, dass er magische Formeln beherrscht, mit denen man das Schicksal beeinflussen könnte. Bestimmt hat er interessante Geschichten zu erzählen, und Unterhaltung tut immer not in den endlosen Nächten am Feuer. Nicht zuletzt trägt er Gene, die wir nicht haben, und der biologisch gesteuerte Teil des Unterbewusstseins weiß instinktiv, dass eine Auffrischung des Erbguts für die Gesundheit des Stammes förderlich ist. Hat man sich an die unvertrauten Züge erst gewöhnt, sieht er doch eigentlich ziemlich gut aus.

Begeisterung für das Fremde und exotistische Schwärmerei setzten sich aus einer wilden Mischung dieser Faktoren zusammen. Trotz oder infolge fortschreitender Globalisierung stehen sie heute allerdings mehr denn je im Verdacht, die jeweils Anderen nicht gemäß ihres eigenen Selbstverständnisses wahrzunehmen, sondern sie lediglich als Projektionsfläche für die eigenen Wunschfantasien zu missbrauchen, ihnen schlimmstenfalls die eigene Sicht auf ihre Denk- und Lebensweisen überzustülpen.

Es bleibt mir also gar nichts anderes übrig, als meine eigene Japan-Begeisterung kritisch zu hinterfragen.

Schaue ich auf ihre Anfänge zurück, stelle ich fest, dass das, was mich damals fasziniert hat, natürlich ebenso viel mit mir zu tun hatte wie mit dem, was das Land ist – falls es das »So-Sein« eines Landes überhaupt gibt. Heute weiß ich, dass Geist und Praxis des Zen-Buddhismus, wie sie mir in den Büchern von Herrigel und Dürckheim begegneten, auf sehr fragwürdige Weise europäisiert waren und außerdem ein latent faschistisches Hintergrundrauschen hatten. In

meiner Begeisterung für die perfektionierte Gewalttätigkeit der Samurai spiegelten sich zweifellos meine eigenen, spätpubertären Untergangsfantasien wider, und im kraftvollen Duktus des Pinsels japanischer Maler und Kalligraphen sah ich die vollkommene Umsetzung spontaner Ausdruckimpulse.

Im Verlauf meiner Beschäftigung mit der japanischen Kultur und durch zahlreiche persönliche Begegnungen ist das Bild vielschichtiger und auch widersprüchlicher geworden. Zugleich hat sich das, was mir an meinen eigenen Lebenswelten selbstverständlich erschienen ist, als relativ, in manchen Bereichen als regelrecht zweifelhaft herausgestellt. Der Blick auf meine eigenen kulturellen Prägungen – von bevorzugten Speisen und Tischmanieren über ästhetische Setzungen und Kunstauffassungen bis hin zu Fragen der Gesellschaftsordnung und der spirituellen Praktiken – hat sich fundamental verändert.

Inzwischen bilde ich mir zwar gelegentlich ein, manches an Japan tatsächlich zu verstehen, doch im nächsten Moment habe ich große Zweifel, ob es überhaupt etwas zu verstehen gibt, denn Begegnung findet nie im Abstrakten und Allgemeinen statt: Sie ist immer konkret, situativ und individuell.

Ohnehin sind Verständnis und Missverständnis nur zwei Seiten derselben Medaille, im Bereich der persönlichen Beziehungen ebenso wie hinsichtlich der interkulturellen Begegnung. Sie beruhen auf der hypothetischen Vermessung von Nähe und Distanz zwischen mir und dem Anderen, seinen und meinen Eigenarten, Wertsetzungen, Verhaltensweisen. Erst indem ich jemanden oder etwas zu mir in eine bestimmte Relation setze, Gemeinsamkeiten auslote und Differenzen erkenne, bin ich in der Lage, mich auf eine wie auch immer geartete Weise dazu zu positionieren. »Japaner sind höflich« – verglichen mit Deutschen oder Amerikanern. Wobei schon die Kriterien für meine Ermittlung des Höflichkeitsgrads westlichen Maßstäben entstammen, und Japaner untereinander vermutlich ebenso höfliche wie unhöfliche Landsleute unterscheiden, nur dass mir die Unhöflichkeit des unhöflichen Japaners gar nicht auffallen würde.

Insofern basieren viele der aktuellen Diskussionen, ob diese oder jene Betrachtung dieser oder jener Kultur nun richtig oder falsch sei, nicht anders als das exotistische Klischee auf der fragwürdigen Idee, das erforschte, bereiste, geliebte oder verabscheute »Andere« sei ein in sich geschlossenes Ganzes mit festen Grenzen, und dementsprechend gäbe es eine angemessen respektvolle oder eben durch die eigene Perspektive verzerrte Darstellung desselben.

Als Ende des 16. Jahrhunderts weiß-blaue Porzellangefäße der Ming-Dynastie in den Niederlanden populär wurden, entwickelten Keramiker in Delft für ihr Steingut – das europäische Porzellan war noch nicht erfunden – ebenfalls weiß-blaue Glasuren im chinesischen Stil. Zunächst bemalten sie ihre Gefäße mit fernöstlich anmutenden Dekoren, aus denen nach und nach eine eigene sino-niederländische Formensprache wurde. Einige dieser Stücke gelangten damals auf holländischen Schiffen nach Japan. Nach der weitgehenden Abschottung des Landes unter Shogun Tokugawa Iemitsu (1604–1651) war die Niederländische-Ostindien-Kompanie die einzige europäische Handelsgesellschaft, die dort eine Niederlassung betreiben durfte, angesiedelt auf der künstlich angelegten Insel Deshima im Hafen von Nagasaki. In Japan hatten aus Korea verschleppte Keramiker zu Beginn des 17. Jahrhunderts eine eigene Porzellanherstellung auf den Weg gebracht, dort ebenfalls zunächst chinesische Stücke imitiert, dann zunehmend eigene Bemalungen entwickelt – allerdings auf eine gänzlich andere Art als in Holland. Vermutlich wäre kein Japaner je auf die Idee gekommen, die Delfter Gefäße mit ihrem chinesischen Ursprung in Verbindung zu bringen. Wenn der gebildete Daimyō des 17. Jahrhunderts eine chinesische Unterglasurmalerei betrachtete, »verstand« er sie höchstwahrscheinlich völlig anders als sein niederländischer Zeitgenosse und beide verklärten das Reich der Mitte aus verschiedenen Gründen auf unterschiedliche Weise. Delfter Gefäße finden sich in einigen alten Sammlungen von Teemeistern als kostbare Raritäten eines bar-

barischen europäischen Volks, während gleichzeitig Versatzstücke niederländischer Landschaften als Dekor auf japanischen Porzellanen auftauchten, die dann wiederum sowohl in die Niederlande rückexportiert wurden, als auch den innerjapanischen Exotismus bedienten. Letzterer führte ab Mitte des 18. Jahrhunderts dazu, dass sich ein eigener Zweig der Hollandstudien (Rangaku) entwickelte. Die Forschung fand hauptsächlich auf Grundlage von Büchern und importierten Objekten statt, denn die damit befassten Gelehrten hatten nur selten und meist zu hochoffiziellen Anlässen Gelegenheit, lebende Exemplare dieses fremdartigen Menschenschlags – wie den Leiter der Handelsniederlassung oder abgesandte Ärzte in dessen Gefolge – leibhaftig zu studieren.

Wahrnehmung bedeutet immer Projektion. Schon das Bild, das über die Netzhaut ans Gehirn weitergeleitet wird, ist eine Projektion, die einerseits von physiologischen Parametern, andererseits von Seherfahrungen seit dem Tag unserer Geburt geprägt wird. Eine relativ unvoreingenommene Wahrnehmung hat nur das Neugeborene, doch kann es mit dem, was es wahrnimmt, wenig anfangen, denn es ist noch nicht in der Lage, das Wahrgenommene in ein abwägendes Verhältnis zu bereits Bekanntem zu setzen und so in eine vielleicht sinnvolle, jedenfalls handhabbare Weltsicht einzubetten.

Je mehr Erfahrung und Wissen ich mitbringe,

desto mehr nehme ich einerseits bewusst wahr, andererseits färben meine Vorerfahrungen und mein Vorwissen jeden neuen Eindruck ein. Die Unmittelbarkeit nimmt immer weiter ab, und es besteht die Gefahr, dass ich im Anderen schließlich nur noch mich selber sehe, ohne es überhaupt zu merken. Aus dieser Zwickmühle gibt es keinen Ausweg, aber die Augen zu schließen und auf der Stelle zu treten, ist auch keine Option.

Der Zug vom Flughafen endet an der Station Ueno, einem der wichtigsten Bahnhöfe der Stadt.

Kumekawa-san schlägt vor, dass wir für das letzte Stück des Wegs ein Taxi nehmen.

Ich wundere mich, wie wenig Verkehr auf den Straßen herrscht. Immerhin befinden wir uns mitten in dem, was man das Zentrum von Tokio nennen würde – wenn es denn ein Zentrum gäbe. Es dauert eine Weile, bis wir einen Taxistand entdecken, an dem dann auch nur ein einziger Wagen wartet.

Der Fahrer, ein freundlicher älterer Herr in grauem Anzug mit schmalem Gesicht und feinziselierten Falten um die Augen, trägt einen Mundschutz.[2] Sein

---

2 Je länger ich darüber nachdenke, desto mehr Zweifel habe ich, ob er tatsächlich einen Mundschutz trug. Womöglich hat sich das Bild des Japaners, der bei den leisesten Anzeichen einer Erkrankung einen Mundschutz anlegt – nicht für sich selbst, sondern um niemand anderen anzustecken –,

Auto ist schwarz und alt, eine mittelgroße Limousine mit klassisch ausgeformtem Heck, auf Hochglanz poliert, ohne Kratzer oder Beulen. Die hellen Sitze im Inneren strahlen die elegante Schönheit gebrauchten Leders aus, das täglich gepflegt wird.

Offenbar ist dem Fahrer die Lage des Ryokans nicht ganz klar. Unterwegs gleichen er und Kumekawa-san die Strecke unablässig mit den Navigationssystemen ihrer Mobiltelefone ab.

Ich weiß nichts über japanische Taxifahrer. Vermutlich habe ich den einen oder anderen von ihnen schon in Filmszenen gesehen, kann mich aber nicht daran erinnern. Trotzdem hätte ich selbstverständlich gewettet, dass sie noch die kleinste Sushi-Bar in der unbedeutendsten Gasse kennen. Ich frage mich, ob dieser hier ein zwar freundlicher, aber besonders unfähiger Vertreter seines Berufsstands ist? Oder ob der japanische Perfektionismus aus Gründen, die ich nicht kenne, im Bereich der individuellen Personenbeförderung zurückgestellt wird? Zumindest der Zustand des Wagens lässt auf das Gegenteil schließen. Einen Moment lang fürchte ich, dass ich tatsächlich in einer völlig abgelegenen Gegend untergebracht bin, von der aus der Weg zu allen Orten, die ich mir anschauen will, weit und kompliziert sein wird. –

ohne dass ich es bemerkt habe, über meine Erinnerung gelegt. Inzwischen bin ich eigentlich fast sicher, dass er gar keinen Mundschutz getragen hat.

Natürlich könnte ich auch alleine Taxi fahren, aber wenn ich die ansteigende Ziffernfolge auf dem Zähler richtig deute, kostet es etwa so viel wie in Berlin, und das würde mein Budget schnell sprengen.

Die Straßen werden schmaler, Bäume säumen die Bürgersteige. Die meisten Häuser sind niedrig. Im Erdgeschoss haben kleine Geschäfte und Restaurants geöffnet, ohne aufwendig gestaltete oder technisch hochgerüstete Auslagen, die um Kunden wetteifern.

Wir erreichen das Ryokan nach gut zehn Minuten. Es liegt an der Kreuzung zweier Seitenstraßen. Soweit ich es beurteilen kann, haben wir uns trotz der zwischenzeitlichen Unsicherheiten nicht verfahren. Der Blick auf mein eigenes Navigationssystem im Telefon sagt, dass der Stadtteil Ningyōchō unmittelbar an Nihonbashi grenzt, eines der ältesten und berühmtesten Viertel Tokios mit dem Hauptsitz des legendären Kaufhauses Mitsukoshi. Nihonbashi bedeutet »Japan-Brücke« und es gibt die Brücke an dieser Stelle schon seit der Edo-Zeit. Das gegenwärtige Modell, mit gründerzeitlichen Löwen und geflügelten Drachen an den Sockeln der mächtigen Bronzelaternen, stammt aus dem Jahr 1911 und ist eines der wenigen Bauwerke, die das flächendeckende Bombardement der Stadt im 2. Weltkrieg überdauert haben.

Dort, wo wir schließlich anhalten, sind so gut wie gar keine Autos mehr unterwegs, auch keine Radfahrer und nur vereinzelt Fußgänger. Es herrscht eine

geradezu unwirkliche Stille, als wären wegen einer grassierenden Epidemie Quarantänemaßnahmen verhängt worden, an die sich die Japaner natürlich ohne zu murren halten. Sie gelten ja insgesamt als ein gehorsames – um nicht zu sagen obrigkeitshöriges – Volk, dazu leise, zurückhaltend im Auftreten und von tadellosem Benehmen. Andererseits weiß ich, dass es hier schrille Exzentriker und heimliche Anarchisten in mindestens ebenso großer Zahl wie in England gibt. Und Tokio ist doch auch eine Megastadt, überlaufen, grellbunt, in unablässiger Bewegung. Millionen Menschen leben und arbeiten auf engstem Raum. Sie müssen von hier nach dort befördert werden, kaufen ein, gehen essen, amüsieren sich. Dazu kommen unzählige Touristen aus aller Welt auf der Suche nach dem Geist des alten Japan oder nach dem Land der technischen Innovationen, des besten Industriedesigns, der eigenwilligen Unterhaltungsangebote. Die berühmte Kreuzung in Shibuya mit den fünf geometrisch angeordneten Zebrastreifen gilt als der Ort mit dem höchsten Fußgängeraufkommen weltweit.

Aber hier, in der kleinen Straße vor dem ebenfalls kleinen Ryokan ist verschlafene Kleinstadt, tiefste Provinz. Niemand scheint irgendeiner Tätigkeit nachzugehen oder auf dem Weg zu einem wichtigen Termin zu sein. Es wird nicht einmal geputzt.

Während Kumekawa-san den Taxifahrer bezahlt, stehe ich etwas verloren auf der Straße, neben mir meine beiden Koffer, und schaue mich um. Ein Konglomerat aus über Jahrzehnte angesammelten Bildern japanischer Lebenswelten schimmert wie durch eine Milchglasscheibe aus dem Hinterkopf ins Bewusstsein. Mir dämmert allmählich, dass ich das, was ich sehe, höre, rieche, permanent mit eingelagerten Vorstellungen abgleiche und dementsprechend in »typisch«, »ungewöhnlich« oder »erstaunlich« einteile. Zugleich führt mir das klare Licht des späten Vormittags schlagartig vor Augen, dass jetzt nichts davon mehr gilt und dass ich von dem, was ich bräuchte, um mich sicher und elegant durch die Stadt zu bewegen, nicht die geringste Ahnung habe.

Das Ryokan ist ein altes Haus, wobei »alt« in Tokio bedeutet, dass es in den 1950er oder 60er Jahren gebaut wurde. Die alliierten Bomber haben in den letzten Kriegsmonaten 44/45 bevorzugt Brandbomben über der Stadt abgeworfen, im Wissen, dass die meisten Gebäude aus Holz waren. Der amerikanische Oberbefehlshaber des Einsatzes der Luftstreitkräfte gegen Japan, General Curtis E. LeMay, erklärte später: »Ich vermute, wenn ich den Krieg verloren hätte, wäre ich als Verbrecher angeklagt worden. Glücklicherweise standen wir auf Seiten der Sieger.«

Von dem wenigen, das nicht Opfer der Flammen wurde, musste vieles während des Wirtschaftsbooms der 1980er Jahre spekulativen Investitionsobjekten weichen.

Vor der hohen Mauer, die das Haus an zwei Seiten umgibt, stehen Grünpflanzen in Kübeln an der Bordsteinkante. Aus dem schmalen Zwischenraum dahinter ragt ein Pflaumen- oder Kirschbaum auf, schief gewachsen und knorrig wie auf alten Bildern. Das Gebäude ist lediglich anderthalb Stockwerke hoch, noch niedriger als die unmittelbaren Nachbarhäuser, und trägt verschachtelte Ziegeldächer, deren geschwungene Spitzen in Dachreitern aus Sandstein auslaufen. Die Außenwände sind vor nicht allzu langer Zeit lehmfarben verputzt worden, die hölzernen Elemente der Fassade dunkel gebeizt. Vor dem Eingang hängen drei weiße Noren – die zweigeteilten Tuchbahnen, die dem Schutz vor Sonne und Blicken dienen. Auf die mittlere ist eine senkrechte Säule aus Schriftzeichen gedruckt, die ich nicht lesen kann.

Während der Reiseplanung hatte ich Kumekawa-san gefragt, ob es wohl möglich sei, mich in so einem Ryokan unterzubringen, in der Hoffnung, dadurch zumindest eine Ahnung der ursprünglichen japanischen Wohnkultur zu bekommen. Schon vor Jahren habe ich mir einen Bildband über diese traditionellen Gasthäuser angeschafft, um darin Anregungen für die Einrichtung japanischer Roman-Innenräume zu finden. Die Zimmer dort sind mit Tatami-Matten ausgelegt, haben papierbespannte Schiebetüren und traditionelle Wandschränke für den Futon, der erst ausgerollt wird, wenn man tatsächlich schlafen will.

Häufig ist auf der Stirnseite eine Tokonoma eingelassen – die klassische Bildnische, die auch zum Teeraum gehört. Darin hängt eine Landschaftsmalerei oder Kalligraphie, damit der Gast abends, nachdem er aus dem geschäftigen Treiben der Stadt zurückgekehrt ist, in der Betrachtung zur Besinnung kommt. Größere Ryokan haben einen Innenhof, in dem ein kleiner Garten mit Felsen, Moos, Bambus oder halbwüchsigen Bäumen angelegt ist. Er enthält die gesamte Natur im Miniaturformat. Viele dieser Herbergen wurden im Lauf der Zeit behutsam modernisiert und wohl auch den Bedürfnissen westlicher Touristen angepasst: Statt einfacher Sitzkissen stehen Sessel ohne Beine und flache Tische in modernem Design zur Verfügung. Natürlich gibt es auch Fernseher, allerdings sind sie meist diskret in einen Wandschrank eingelassen, den man niemals öffnen muss, wenn man es nicht will, so dass sich auch heute noch die stille Melancholie ausbreiten kann, die das Grundgefühl des alten Japan bildet.

Die Tür des Ryokan steht offen, so dass wir ohne zu klingeln eintreten können. Der Eingangsbereich ist in dunklen Rot- und Brauntönen gehalten, die ein Gefühl von Wärme und Geborgenheit vermitteln. Ein über Jahrzehnte glänzend polierter Stamm, der vom Boden zur Decke reicht, gliedert den Raum. Zur Rezeption, die aus einem einfachen, vielleicht antiken Schreibtisch samt Computer besteht, führt eine

Treppe aus grob bossierten Steinquadern und einer massiven Holzschwelle. Ehe man diesen Bereich betritt, muss man sich die Schuhe ausziehen. Auf der linken Seite stehen Plastikpantoffeln in verschiedenen Größen für die Gäste bereit; zum Aufbewahren der eigenen Schuhe wurden Regale mit Einzelfächern für jedes Paar eingebaut. Einige sind gefüllt, die meisten jedoch leer. Offenbar ist das Ryokan zurzeit nicht ausgebucht. Rechterhand hängt ein festlicher Kimono an einem Ständer. In seinem Zentrum schwebt leuchtend rot, als wäre er von der untergehenden Sonne beschienen, ein Kranich über eine goldgrundierte Landschaft, durch die blaue Flussläufe zwischen grünen Büschen und Baumgruppen mäandern. Unten, über dem Saum, ist ein Fächer mit Blütenmuster zu einem Halbrund aufgespannt. Daneben wurden auf einer Staffelei kunstvoll eingeschlagene Päckchen arrangiert, vielleicht Süßigkeiten oder Knabberzeug, außerdem ein Objekt aus geknoteter Schnur, Votivtafeln und Bündel getrockneter Ähren.

Alles sieht genau so aus, wie ich es mir in meinen japonistischen Träumen ausgemalt habe. Im nächsten Moment frage ich mich allerdings, ob es nicht doch ein bisschen zu viel des Guten ist? Bestimmt wurde es nicht auf diese Weise eingerichtet, weil irgendjemand in Japan heute noch so leben würde, sondern hauptsächlich, um die klischeehaften Erwartungen von Leuten wie mir zu erfüllen.

Aus dem Nebenraum tritt eine ältere Dame in schwarzem, elegant geschnittenem Kleid, stellt sich vor und begrüßt uns mit einer leichten Verbeugung.

Frau Okazaki könnte ebenso gut Mitte fünfzig wie Anfang siebzig sein. Sie hat ihr langes schwarzes Haar zu einer halbhohen Turmfrisur hochgesteckt, lächelt und spricht fließend Englisch. Ich bin einen Augenblick verwirrt: Einige der Japan-Spezialisten in meinem Freundeskreis hatten mich ausdrücklich darauf hingewiesen, dass gebildete Japaner Englisch zwar in der Regel leidlich verstehen, die Sprache jedoch lieber nicht benutzen, und wenn, dann mit so starkem Akzent, dass die Bedeutung der Worte dahinter verschwindet.

Man merkt sofort, dass Frau Okazaki Menschen sehr genau anschaut, und ich habe Sorge, dass sie alles, was ich tun oder sagen werde, nach den strengen, für mich undurchschaubaren japanischen Benimmregeln einordnen wird. Obwohl diese für Ausländer auf Minimalniveau heruntergebrochen werden, habe ich kaum eine Chance, mich auch nur halbwegs gesittet zu verhalten. Natürlich möchte ich auf keinen Fall, dass Frau Okazaki mich für ebenso unzivilisiert hält wie alle westlichen Touristen vor mir, merke aber am Gefühl meiner Wangenmuskulatur beim Lachen, dass schon meine Mimik aus japanischer Sicht theaterpossenhaft bis vulgär wirken dürfte. Allerdings habe ich bereits nach wenigen Sätzen den Eindruck, dass

Frau Okazaki tatsächlich warmherzig freundlich und nicht nur reserviert höflich ist, wie man es von einer japanischen Dame erwartet. Das kann natürlich auch bedeuten, dass sie im jahrelangen Umgang mit Ausländern einen Teil ihrer japanischen Identität zugunsten einer internationalen, an amerikanischen Vorbildern orientierten Unverbindlichkeit aufgegeben hat.

Fest steht, dass ich mir all diese Gedanken gar nicht machen würde, wenn ich einfach nichts über Japan wüsste.

Im Gegensatz zu meinen von Romanen, Filmen und diversen Exil-Japanerinnen geprägten Erwartungen ist Frau Okazaki ausnehmend gesprächig. Sie plaudert über das Wetter, das sehr schön werden soll, erzählt, dass vergangene Woche ein Ehepaar aus Deutschland zu Gast war, sympathische Leute, die bereits mehrfach hier gewohnt haben, fragt, ob ich schon öfter in Japan war oder zum ersten Mal hier bin?

Ich möchte dem schamvollen »zum ersten Mal« irgendetwas zur Erklärung hinzufügen – dass ich mich schon lange mit der japanischen Kultur beschäftige, seit über zehn Jahren Teezeremonie übe, früher einmal in einem japanischen Restaurant ausgeholfen habe oder ähnlichen Unsinn, der erst recht peinlich wäre – und verzichte lieber darauf.

Nachdem sie meinen Pass kopiert und ich das Anmeldeformular ausgefüllt habe, gibt Kumekawa-san mir noch eine wiederaufladbare Karte – sie heißt »Pasmo-Card« – für den öffentlichen Nahverkehr und verabschiedet sich. Da er mit dringenden Aufgaben an der Universität beschäftigt ist, werde ich in den nächsten Tagen auf mich allein gestellt sein. Kurz taucht das Bild aus Doris Dörries Film *Erleuchtung garantiert* vor meinem inneren Auge auf, als die beiden Protagonisten, Uwe und Gustav, sich im völlig undurchschaubaren Gewirr der Stadt und ihrer Verkehrsmittel so hoffnungslos verirrt haben, dass sie schließlich ihr mitgebrachtes Zwei-Mann-Zelt in einer Brache zwischen den Hochhäusern aufschlagen.

Frau Okazaki erzählt mir die Geschichte des Ryokans, das eigentlich einer Freundin gehört, und deutet auf das vergilbte Schwarzweißfoto einer Frau Ende dreißig, das in einem dünnen Goldrahmen an der Wand hängt. Das Gesicht scheint vollkommen aus der Zeit gefallen, wie das Porträt einer Figur von Kawabata, zerbrechlich, hart und schön zugleich. Die Freundin habe sich in den vergangenen Jahren aus dem Geschäft weitgehend zurückgezogen. Da ich einer kurzen, eigenartigen Ausdrucksverschiebung in Frau Okazakis Augen nachspüre, verpasse ich eine wichtige Information, will aber nicht nachfragen. Sie selbst sei früher Flugbegleiterin gewesen und arbeite hier seit ihrer Pensionierung.

Mein Zimmer liegt im ersten Stock. Es ist ziemlich genau so eingerichtet, wie ich es mir anhand des

Ryokan-Buches vorgestellt habe, allerdings wirklich sehr klein – zehn, höchstens zwölf Quadratmeter. Der Futon ist ausgerollt, links davon befindet sich ein niedriger Tisch, davor ein flaches, lilafarbenes Kissen. Rechts reicht der Platz gerade für meine beiden Koffer. Auf einer Art Nachttischchen am Kopfende liegt ein Yukata, auf Kante gebügelt und millimetergenau zusammengefaltet, darüber hängt eine dicke, wattierte Hausjacke. Die Tokonoma wird von einem Flachbildschirm gefüllt, das Rollbild fehlt.

Es ist ein schöner Raum, mit einer großen Fensterfront, vor deren Scheiben Shoji montiert sind – die klassischen, mit durchscheinendem Papier bespannten Schiebeelemente, die das Licht so sanft streuen, dass die Dinge ihre Unerbittlichkeit verlieren.

Frau Okazaki sagt, ich könne den Futon in den kommenden Tagen liegen lassen oder abends jeweils ausrollen. Ich bin mir nicht sicher, ob dafür eigens jemand käme oder ob ich es selber machen müsste. Beides scheint mir nicht praktisch, und da ich sowieso gern mit dem Laptop auf dem Schoß arbeite, entscheide ich mich dafür, den Futon samt Kissen und Decken einfach als Couch zu nehmen, wenn ich nicht schlafe. Mehrfachnutzung von Einrichtungsgegenständen ist angesichts des notorischen Platzmangels in den oft winzigen japanischen Wohnungen ein verbreitetes Prinzip. Außerdem hat es den Vorteil, dass ich den eigentlich zu seiner Aufbewahrung vorgesehenen Wandschrank für meine Kleider benutzen kann, denn einen eigenen Kleiderschrank gibt es nicht, lediglich einige Bügel, die auf den Zierlatten an den Wänden hängen.

Die Tür zum Nachbarzimmer stößt im rechten Winkel unmittelbar an meine. Offenbar ist das Gefühl für den angemessenen Abstand nicht nur im Hinblick auf eine Person, die einem direkt gegenübersteht, sondern auch in Bezug auf die architektonischen Rahmenbedingungen relativ. Jedenfalls habe ich noch nie in einem deutschen Hotel – nicht einmal in einem arabischen oder pakistanischen – so nah neben einem anderen Gast gewohnt. Sobald dort jemand einzieht, werde ich jedes seiner Geräusche hören – und umgekehrt.

Für einen kurzen Moment schleicht sich der Gedanke ein, dass ein schlichtes Businesshotel auch Vorteile gehabt hätte.

Die Toilette für alle Gäste des ersten Stocks befindet sich auf dem Flur. Vor der Tür steht ein Paar Toilettenschlappen, in die man hineinschlüpft, ehe man den Raum betritt, um die eigenen Füße beziehungsweise Socken vor Spritzern aller Art zu schützen.

Schon beim ersten Blick in den kleinen holzvertäfelten Raum sehe ich, dass dort eine dieser japanischen Hightech-Kloschüsseln mit beheiztem Sitz und digitaler Schaltleiste eingebaut ist, auf der man nicht nur die Temperatur, sondern auch verschiedene Spül-

und Reinigungsvorgänge einstellen kann. Ein Bekannter, der mehrere Jahre in Japan gelebt hat, hatte mich am Telefon ausdrücklich gewarnt, dass man mit diesen Apparaturen sehr vorsichtig sein müsse, denn wenn man die falsche Tastenkombination wähle, könne es leicht passieren, dass eines von mehreren Intimduschprogrammen aktiviert werde und man plötzlich völlig durchnässt dastehe. Ihm sei das während eines Empfangs passiert und anschließend habe er eine halbe Stunde vor dem elektrischen Händetrockner zugebracht, ehe er wieder unter die Leute habe gehen können.

Die Duschen sind im Erdgeschoss. Dort gibt es auch einen Raum mit einem Ein-Personen-Badezuber, da Japaner die Dusche eigentlich nur zur Vorreinigung benutzen, ehe sie in Wannen oder Becken mit sehr heißem Wasser steigen. Für das Bad liegt eine Art Stundenplan bereit, auf dem man eintragen kann, wann man es gern für sich hätte.

Alles ist schön hier, eine charmante Mischung aus altbacken und traditionell. Trotzdem seufze ich innerlich auf bei der Vorstellung, frühmorgens als Erstes einen nicht erklärten Krieg mit dem unbekannten Mitgast um die Dusche führen zu müssen und fürchte mich vor der ersten Toilettenbenutzung.

Schließlich zeigt Frau Okazaki mir noch einen großen Raum im Erdgeschoss, in dem ein weiterer prächtiger Kimono an einem Kleiderständer hängt.

An zwei Tagen pro Woche, mittwochs und freitags, kommt eine Dame und gibt hier für Interessierte Shamisen-Unterricht. Sie hofft, dass mich Musik und Gesang nicht stören, ich könne aber natürlich auch gern selbst daran teilnehmen. Das sei sicher interessant für mich.

»Danke«, sage ich. »Lust hätte ich schon, aber ich fürchte, mein Programm ist sehr dicht, so dass ich es vermutlich nicht schaffen werde.«

Sie deutet auf die Deckenvertäfelung und erklärt, dass sie in einer traditionellen Flechttechnik aus breiten, sehr dünnen Holzstreifen gemacht sei, und dass der Meister, der sie gestaltet habe, einer der Letzten gewesen sei, die diese Kunst beherrscht haben.

Dann öffnet sie eine Schiebetür, die hinausführt, allerdings nicht auf die Straße, sondern in den winzigen Garten mit der knorrigen Kirsche, den ich von draußen gesehen habe. Er ist noch winziger, als es den Anschein hatte – vielleicht zwei Meter breit und siebzig Zentimeter tief. Neben dem Baumstamm sind einige größere Steine und weitere Topfpflanzen platziert. Die gestampfte Erde zeigt noch Spuren des abgeflossenen Regens nach dem jüngsten Taifun: Ich könne mich auch gerne hierhersetzen und mit Blick auf den Garten arbeiten, sagt Frau Okazaki: »Das ist sehr japanisch.«

III. Zen und Rauch

Der Anblick des vernachlässigten Zen-Gärtleins versetzt mir einen Stich, was vermutlich daran liegt, dass meine Wahrnehmung infolge der schlaflosen Nacht den Dingen wehrloser ausgeliefert ist als sonst. Sicher ist es schon lange von niemandem mehr zur sinnenden Betrachtung genutzt worden. Auch ich verweile nicht, sondern wende mich reflexhaft ab und verlasse den Raum, während Frau Okazaki hinter mir die Schiebetüren schließt.[3]

Theoretisch weiß ich, dass der Zen-Buddhismus in Japan heute keine größere Rolle mehr spielt als das Christentum in Deutschland. Schon vor über dreißig Jahren, als mein Freund, der Keramiker Jan Kollwitz, hier seine Ausbildung machte, fanden die beiden Meister, die ihm ihr Wissen weitergaben, seine tägliche Zazen-Praxis ungefähr so befremdlich, wie es einen deutschen Kunstakademieprofessor verstört

---

3 Erst später geht mir auf, dass ich in diesem Moment vielleicht zum ersten Mal die Empfindung gespürt habe, die dem Begriff Wabi-Sabi zugrunde liegt: den Schmerz angesichts des vormals vollkommen Gedachten, das durch die unaufhaltsamen Prozesse des Verfalls im Lauf der Zeit zur Verkörperung der Vergänglichkeit selbst wird und in dieser Abkapselung, auf sich zurückgeworfen, den Betrachter spiegelt, wie er sich sonst nie sieht.

hätte, wenn sein japanischer Austauschstudent allmorgendlich eine Stunde im Rosenkranzgebet versunken wäre. Hingegen sind Shinto-Rituale und die verschiedensten daraus hervorgegangenen Spielarten, sich mit allen Arten Göttern und Geistern ins Benehmen zu setzen, bis heute weit verbreitet. Obwohl sie sich für aufgeklärt modern hielten, hätte keiner der beiden Keramikmeister seinen Holzbrandofen angefeuert, ohne dem darin wohnenden Kami die ihm zustehenden Opfergaben – Reis, Salz und Sake – darzubringen. Nichtsdestoweniger zeigten die deutschen Fernsehprogramme damals – es war die Zeit, als Japans Wirtschaft boomte und insbesondere die europäische Konkurrenz im internationalen Wettbewerb abhängte – noch regelmäßig Dokumentarfilme, die suggerierten, der Siegeszug japanischer Unternehmen sei wesentlich darauf zurückzuführen, dass sich deren Führungskräfte nach dem Studium für ein oder zwei Jahre in kargen unbeheizten Bergklöstern den unerbittlichen Schulungen eines Zen-Meisters unterwarfen. Anschließend wurden sie, ausgehärtet, geschärft und poliert wie Schwertstahl, durch die globalen Konferenzräume geschickt, um den japanischen Produkten zum Sieg zu verhelfen. In Interviews und Magazinbeiträgen – ganz gleich, ob es um japanische Arbeitsdisziplin, Unternehmenskultur, Handwerkstraditionen, Küche, Ikebana oder Teezeremonie ging – traten ältere Herren im Kimono oder Anzug auf,

奉納

die dem beeindruckten Zuschauer darlegten, dass all dies seinen Ursprung in Geist und Praxis des Zen habe. Mein Japanbild wurde von diesen Vorstellungen geprägt, und bis zu einem gewissen Grad bestimmen sie nach wie vor nicht nur meinen Blick auf das Land, sondern mein Verständnis der Welt. Daran ändert auch die Tatsache nichts, dass die Japanologen und auf Japan spezialisierten Kunsthistorikerinnen in meinem Bekanntenkreis die Rückbindung großer Teile der japanischen Kultur an den Zen-Buddhismus für eine Mischung aus nationalistischer Selbststilisierung und europäisch-esoterischer Verklärung halten, die dringend einer wissenschaftlichen Entmystifizierung unterzogen werden müssen.

Die auf individueller Erfahrung beruhende, metatheistische Spiritualität des Zen, wie sie in den begrifflich unlösbaren Paradoxien der Kōan-Literatur aufscheint und interessierten Menschen im Westen von Gelehrten und Meistern wie Daisetz Teitaro Suzuki, Shunryū Suzuki oder Taisen Deshimaru Rōshi seit Mitte des 20. Jahrhunderts in verschiedenen Wellen vermittelt wurde, schien (und scheint) Sinnsuchern und Intellektuellen, die sich in den zur totalen Unverständlichkeit tendierenden Begriffskonstruktionen der modernen Philosophie ebenso wenig zu Hause fühlten wie zuvor schon in den Geisteskathedralen der christlichen Theologie, ein gangbarer Ausweg aus der von allen Seiten drohenden Belanglosigkeit der eigenen Existenz. Zugleich werden viele Phänomene der japanischen Kunst, für die dem interessierten, aber ungeübten Betrachter die Verständniskriterien fehlen, durch ihre Ableitung aus den Nicht-Ideen des Zen in ihrer Rätselhaftigkeit zumindest auf gedanklicher Ebene einigermaßen nachvollziehbar. Natürlich bedeutet die Nachvollziehbarkeit eines Zusammenhangs nicht zwingend, dass er historisch richtig ist. Andererseits dürfte es schwierig bis unmöglich sein, den Zen-Anteil im Wirken dieses oder jenes Künstlers oder Herrschers während der verschiedenen Epochen der japanischen Geschichte präzise zu messen, dazu einen Quotienten für die Bedeutung der entsprechenden Persönlichkeit im gesamtkulturellen Gefüge zu ermitteln, um am Ende einen gesicherten Wert für den Einfluss des Zen auf Gartenarchitektur, No-Theater oder Teezeremonie zu erhalten. Ohnehin wandeln sich wissenschaftliche Einordnung und Deutung kultureller Phänomene ständig, und mindestens so sehr wie von ihrem Gegenstand sind sie abhängig vom jeweils aktuellen Bild, das wir von uns selbst als Menschen im Gefüge der Wirklichkeit beziehungsweise im Lauf der Geschichte entwerfen. Auch wenn der Marxismus eigentlich als überholt gilt, setzt sich gerade eine Art »historischer Materialismus« insbesondere bei der Analyse kunstlerischer Entwicklungen durch. Die Auffassung, dass es primär geistige Impulse sind, die Kunst und Kultur bestimmen, gilt den meisten Experten aktuell als hoffnungslos vorgestrig. Das ist nur konsequent, wenn man einer biologistischen Sichtweise folgt, der zufolge das Geistige nichts anderes ist als ein sich selbst über sich selbst täuschendes Resultat äußerst komplex ausdifferenzierter Stoffwechselprozesse im Gehirn, deren primäres Ziel die Verbreitung egoistischer Gene ist. Dementsprechend tendieren die Kulturwissenschaften dieser Tage dazu, künstlerische Entwicklungen in erster Linie als Ausdruck von – im Zweifel ungerechten – Herrschaftsstrukturen oder als Resultat ökonomischer, also auf Gewinnmaximierung ausgerichteter Strategien zu deuten. Diejenigen, die weder Macht noch Kapital ins Zentrum ihrer Überlegungen rücken, suchen daneben gern auch nach den unmittelbaren evolutionsbiologischen Vorteilen bestimmter ästhetischer Vorgaben oder zivilisatorischer Verabredungen, um die Frage nach dem »Geistigen in der Kunst« zu umgehen. Die alte Streitfrage, ob das Bewusstsein das Sein bestimmt oder das Sein das Bewusstsein, scheint also einstweilen beantwortet, beziehungsweise in sich zusammengefallen zu sein.

In dem Raum zwischen oder jenseits von beidem kreisen meine Gedanken nun doch zusehends um eine Zigarette.

Leider gibt es im Ryokan weder Raucherzimmer noch einen Raucherbereich, sagt Frau Okazaki.

Ich ahme ihre etwas steifen Verbeugungen aus der Lendenwirbelsäule nach und sage: »Kein Problem, ich kann ja kurz raus auf die Straße gehen.«

Sie lächelt, zögert jedoch mit ihrer Antwort auf eine Weise, dass ich weitere Komplikationen befürchte: Unglücklicherweise ist das Rauchen auch auf der Straße verboten. Wegen der Olympischen Spiele sind für die Stadtteile, wo viele Besucher erwartet werden, bereits jetzt neue Regeln erlassen worden, damit die Menschen sich rechtzeitig daran gewöhnen. Es gibt allerdings spezielle Raucherplätze. Der nächste befindet sich nicht weit entfernt – ungefähr fünf Minuten zu Fuß.

Wahrscheinlich ist mein Gesichtsausdruck nicht japanisch gefasst, sondern europäisch gequält, jedenfalls reagiert Frau Okazaki nun ihrerseits erschrocken, als sähe sie gleich zu Beginn meines ersten Japan-Aufenthaltes eine akute Krise meines Wohlbefindens heraufziehen, gegen die freundliche Entschuldigungen allein nicht reichen. Plötzlich hat sie die Idee, eine Ausnahme zu machen und mir das Rauchen oben auf dem Dach zu erlauben, wo es eine Art Terrasse gibt. »Das müsste eigentlich möglich sein«, sagt sie. Aber noch bevor sie mit mir die Treppe hinaufsteigt, um mir Weg und Ort zu zeigen, überlegt sie es sich doch wieder anders. Es tut ihr wirklich leid, dass es nicht geht, obwohl es schön gewesen wäre.

Weder lässt sie mich an den verschiedenen Schritten ihres Entscheidungsprozesses teilhaben, noch nennt sie mir die Gründe, weshalb das, was vor einer Minute noch eine praktikable, für alle Seiten akzeptable Lösung gewesen wäre, nun offenbar völlig ausgeschlossen ist.

In meinem Kopf formieren sich Wehklagen, die auf Mitleidseffekte setzen, wie ich sie zu Hause bei älteren Beamtinnen oder Bankkauffrauen einsetze, wenn ich mit einem Formular nicht zurechtkomme, und vermischen sich mit mäßig schlagkräftigen Argumenten: dass ich keinesfalls, während ich spätabends an einem Vortrag für die Universität arbeite, für jede Zigarette das Ryokan verlassen kann, weil dadurch unweigerlich der komplette Gedankengang abgebrochen würde; dass ich mich oben auf dem Dach selbstverständlich in die hinterste Ecke zurückziehen und darauf achten würde, von der Straße aus komplett unsichtbar zu bleiben …

Ich entnehme Frau Okazakis Blick, aus dem eine ergeben solidarische Trauer über die unabänderlichen Härten des Lebens spricht, dass ihr Entschluss ebenso schicksalhaft ist wie die städtische Rauchverordnung.

Da ich unter keinen Umständen einer dieser rechthaberischen Westler sein will, die meinen, ganz gleich wo auf der Welt sie sich gerade aufhalten, über alles, was ihnen nicht gefällt oder nicht unmittelbar einleuchtet, endlose Diskussionen mit den Einheimischen führen zu müssen, lächele ich und sage – auch um die Last der Verantwortung für meine unkomfortable Situation von ihren Schultern zu nehmen –, dass es mir selbstverständlich nichts ausmacht, eben diesen Rauchplatz aufzusuchen, dass es ohnehin besser ist, weniger zu rauchen, wahrscheinlich werde ich demnächst ganz damit aufhören.

Es ist wirklich nicht weit, versichert sie. Ich soll bis zur Hauptstraße vorgehen, rechts abbiegen, gleich an der nächsten Kreuzung links, dann sähe ich schon den markierten Bereich – dort stünden immer Leute.

Mein erster Gang allein durch Tokio führt mich also weder in einen wichtigen Zen-Tempel, noch in ein bedeutendes Museum, nicht einmal in eine Sushi-Bar oder ein Teegeschäft, sondern zu einem schäbigen Rauchplatz in einer Seitenstraße, der mir unmissverständlich vor Augen führt, dass ich keineswegs ein weltreisender Genussmensch bin, sondern schwach, um nicht zu sagen suchtkrank. Einen Moment lang fühle ich mich schuldig und schlecht, dann fällt mir die Dokumentation über den bereits erwähnten Taisen Deshimaru Rōshi wieder ein, den Meister der Sōtō-Schule, der die Praxis des Zazen ab Mitte der 1960er Jahre nach Europa gebracht hat. Darin wird er gefragt, ob eigentlich die Gerüchte stimmen, dass er sehr viel rauche, woraufhin Deshimaru in seinem nahezu unverständlichen Englisch vor sich hin nuschelt: »Mmh … Not so … Not so … Not so too much.«

An der ersten Ecke, wo ich rechts gehen soll, befindet sich eine rustikale Sake-Kneipe, die um diese frühe Stunde noch geschlossen ist. Leere Flaschen verschiedener Größe stehen in einem verwitterten Holzkasten vor der Tür. Auf der größeren Straße folgt ein Yakitori-Restaurant, daneben ein kleines Japan-Deko-Geschäft, in dem man Figürchen, Puppen, bunt bedruckte Tücher und Kästchen kaufen könnte. Vermutlich ist es ein Überbleibsel aus der Edo-Zeit, als Ningyōchō, was übersetzt »Puppenstadt« heißt, tatsächlich das Zentrum der Puppenmacher und Puppenspieler war. Daneben hat ein Geschäft für Knabberzeug geöffnet, dessen Inhaber, ein älterer Herr mit weißer Kittelschürze über dem grauen Anzug, seine Reiscracker offenbar selbst herstellt. Jedenfalls ist im zweiten Raum des Ladens, unmittelbar hinter dem Schaufenster, eine altertümliche Fertigungsanlage mit Kohleofen und kleinem Fließband installiert. Daneben befindet sich ein Café, das sich *Café de Crié* nennt und in dem es, den Aufstellern auf dem Gehsteig zufolge, Croissants, Belgische Waffeln und French Toast gibt. Wenn der Name tatsächlich Französisch sein soll, müsste er etwas mit »Schrei« zu tun haben. Rein grammatisch würde »crié« »schrie« heißen – er oder sie schrie –, was zusammen mit dem »Café de« überhaupt keinen Sinn ergibt, selbst wenn der Gründer vielleicht den verzweifelten »Kaffee«-Schrei eines globalisierten Japaners im Sinn gehabt hat, der seit Kindertagen immer und überall gezwungen wurde, Tee zu trinken.

CAFÉ de CRIÉ
BIG
BIG
BIG

An der Tür sind zwei Aufkleber mit stilisierter Zigarette angebracht: Der obere zeigt sie durchgestrichen mit der Zahl 63, auf dem unteren darf sie unbehelligt brennen, dazu die Zahl 15. Ich nehme an, dass die gängigen Regeln zum Lesen von Zeichen auch hier gelten, dann würde es bedeuten, dass es im *Café de Crié* fünfzehn Raucherplätze gibt. Ich werde der Frage später oder morgen nachgehen, biege jetzt, Frau Okazakis Wegbeschreibung folgend, vor einer Boutique für gehobenen Badezimmerbedarf, deren Auslagen mit Handtüchern, Seifenschalen, Zierkeramiken in verschiedenen Abstufungen türkis dekoriert sind, links ab. In etwa hundert Metern Entfernung drängen sich einige Leute auf einem kleinen Abschnitt des ohnehin schmalen Bürgersteigs und blasen Rauch in die Luft. Neben dem Aschenbecher – einer Edelstahlsäule mit Schlitz in einem abgeschrägten Oval, in den man seine Kippen einfach hineinrutschen lässt –, befindet sich ein Schaufenster mit fünfzig, vielleicht auch siebzig verschiedenen Zigarettenpackungen, die einzeln nebeneinander mit dem dazugehörigen Preisschild aufgereiht sind. Die meisten Marken kenne ich nicht, und die verschiedenen Sorten Marlboro, Camel und Lucky Strike haben ein anderes Design als in Deutschland. Es gibt zahlreiche Abstufungen des Stärkegrads, vielleicht auch Aromabeimischungen, die bei uns verboten sind. Hinter der geöffneten Durchreiche sitzt eine alte Dame, die ich fast übersehen hätte, so dunkel ist es in ihrem Kabuff. Ich überlege, ob ich mir eine Schachtel kaufen soll, da meine Vorräte morgen zu Ende gehen. Im Moment fühle ich mich allerdings noch nicht stark genug, eine Geschäftsbeziehung zu einer japanischen Tabakwarenverkäuferin aufzunehmen, deren verschlossen unerbittlicher Blick das Scheitern all meiner Versuche, mich korrekt zu benehmen, vorwegnimmt.

Ich ziehe eine Zigarette aus dem billigen Blechetui aus Istanbul, das ich benutze, seit amtliche Volksgesundheitserzieher Bilder von blutigen Geschwüren auf die Packungen drucken lassen, deren öffentliche Zurschaustellung aus Sicht des Jugendschutzes eigentlich verboten sein müsste. Es ist die erste seit ungefähr fünfzehn Stunden, so dass die Gifte nach drei, vier Zügen diesen wunderbaren Schwindel bei gleichzeitiger Steigerung der Wahrnehmungsintensität verursachen, dessentwegen die Menschen vermutlich irgendwann in vorgeschichtlicher Zeit begonnen haben, den Rauch von Tabakblättern in ihre Lungen zu saugen. Nicht nur Taisen Deshimaru Rōshi hat geraucht, auch in Janwillem van de Weterings Buch über seine Zeit in einem japanischen Rinzai-Kloster kommt ein rauchender Meister vor, und wenn ich mich recht entsinne, sind in dem Buch *Erde und Feuer* über die japanische Keramik des 20. Jahrhunderts Fotos von Ueda Naokata V., meinem Lieblingstöpfer aus Shigaraki, die ihn mit brennender Zigarette zeigen.

Die Vermutung liegt nahe, dass einige Zen-Meister die Konzentrationssteigerung durch Nikotin für die stundenlangen Meditationen ebenso geschätzt haben wie zuvor schon die Wirkung des Tees.

Erst jetzt sehe ich, dass auf den Pflastersteinen des Bürgersteigs, einen knappen Meter vor der Hauswand, eine weiße Linie gezogen ist, die den Raucherbereich klar eingrenzt. Unmittelbar dahinter, in dem ebenfalls höchstens achtzig Zentimeter breiten Streifen bis zur Straße, wurde dagegen ein Rauchverbotszeichen auf den Boden gesprüht. Zwei der aktuell drei rauchenden Japaner neben mir kümmern sich allerdings nicht um das Zeichen, sondern haben sich lässig an das Gestänge vor der Bordsteinkante gelehnt. Sie machen auch keinerlei Anstalten, sich in die ausgewiesene Zone zurückzubewegen, als sich drei Polizisten auf Fahrrädern nähern. Den Polizisten scheint der markierte Bereich ebenfalls egal zu sein, abgesehen davon, dass sie im Gebrauch des Dienstrades offensichtlich ungeübt und ausschließlich damit beschäftigt sind, halbwegs geordnet geradeaus zu fahren. Einer fällt beinahe um, als er an der Kreuzung vom Rad steigen will, und gestikuliert lachend.

Natürlich ist ein Fahrrad kein Pferd und ein Polizist kein Samurai, dennoch frage ich mich, wie es passieren konnte, dass die Funktionsnachfolger der japanischen Krieger, die berühmt für ihre Perfektion in allen Bereichen waren und mit einem Hieb ihres Katana eine Melone auf dem Kopf eines Mannes spalten konnten, ohne dass die Haut des rasierten Schädels darunter anschließend auch nur einen Kratzer aufwies, sich derart gut gelaunt in aller Öffentlichkeit blamieren?

Zwar habe ich in den vergangenen Jahren einiges über Sonderkommissionen im Bereich Organisierte Kriminalität und Kontaktbeamte der Yakuza gelesen, über normale japanische Polizisten hingegen weiß ich so wenig wie über die hiesigen Taxifahrer. Anders als amerikanische, russische, türkische oder ägyptische Sicherheitskräfte tauchen sie in deutschen Medien so gut wie nie auf, was wahrscheinlich daran liegt, dass es in Japan nur äußerst selten zu Demonstrationen kommt. Falls sich doch einmal eine nennenswerte Anzahl von Menschen für oder gegen etwas auf einem öffentlichen Platz versammelt, bleiben die Protestierer friedlich und ziehen keine berichtenswerten Polizeieinsätze nach sich. Auch von rassistisch motivierter Gewalt oder Folter durch japanische Polizisten habe ich nie gehört.

Inzwischen ist es halb eins. Der größte Teil des Tages liegt noch vor mir. Ich habe keine Termine, keine Verpflichtungen, keinen Plan.

Mein Freund Alex hatte mich mit beinahe schon schadenfrohem Lachen darauf hingewiesen, dass ich als Gast einer angesehenen Tokioter Universität keine freie Minute haben würde. Falls die Professoren doch einmal keine Zeit hätten, sich um mich zu kümmern, würden sie Doktoranden oder Studenten abstellen, die meine Begleitung übernähmen. Ähnliches hatte ich vor einigen Jahren in Peking erlebt: Dort war allmorgendlich um acht mein persönlicher Betreuer in Limousine samt Chauffeur am Hotel vorgefahren, um mich abzuholen. Anschließend hatten wir eine Sehenswürdigkeit nach der anderen abgeklappert, sowohl mittags als auch abends in erstklassigen Restaurants gegessen, und gut zwölf Stunden später hatten sie mich wieder am Hotel abgesetzt.

Nach Alex' Ankündigung ging ich davon aus, dass japanische Organisationsgenauigkeit und das Gefühl der Verpflichtung dem Gast gegenüber ein ähnlich dichtes Programm wie in China nach sich ziehen würden. In der heimlichen Hoffnung, zumindest hier und da einige Stunden zur freien Verfügung zu bekommen, hatte ich Kumekawa-san im Vorfeld ausführlicher als vielleicht nötig von meinen Aufenthalten in orientalischen Metropolen erzählt, und dass ich dort meist allein unterwegs sei, er sich also auch in Tokio nicht groß um mich kümmern müsse.

Jetzt frage ich mich, ob das, was ich als dezenten Hinweis gemeint hatte, in Kumekawa-sans japanischer Lesart womöglich wie eine unmissverständliche, vielleicht sogar grob unhöfliche Aufforderung erschienen ist, mich einfach möglichst komplett in Ruhe zu lassen.

Natürlich unterscheiden sich auch Städte wie Istanbul, Kairo, Karachi, Lahore oder Fes in vielerlei Hinsicht voneinander, aber sie wurden doch allesamt über anderthalb Jahrtausende vom selben Geist geprägt und weisen hinsichtlich der urbanen Strukturen, des Geschäftsgebarens, des Straßenverkehrs und der gesellschaftlichen Etikette zahlreiche Ähnlichkeiten auf, so dass ich dort meist schnell in der Lage bin, mich halbwegs angemessen zu verhalten. Hingegen weiß ich hier, in Tokio, nicht einmal, ob man bei Rot über die Ampel geht, wenn weit und breit kein Auto zu sehen ist, ob vielleicht empfindliche Geldbußen drohen oder empörte Blicke der anderen Verkehrsteilnehmer? Während es in Kairo als hohe Kunst gilt, sich zentimetergenau kollisionsfrei durchs Gedränge zu bewegen, scheint es hier schon unhöflich, den mit drei bis vier Metern Abstand unscharf auf den Boden gerichteten Blick eines entgegenkommenden Passanten zu kreuzen. Obwohl viel weniger Menschen unterwegs sind als in der Altstadt von Lahore, habe ich den Eindruck, dass die wenigen, die mir entgegenkommen, während sie einerseits geradezu ostentativ an mir vorbeischauen, auf einer anderen Wahrnehmungsebene präzise vorhersehen, wohin ich meine Schritte die nächsten zehn oder zwanzig Meter setzen werde, und weiträumig ausweichen.

Ich schreibe meinem alten Freund Christoph, der seit zwanzig Jahren mit seiner japanischen Frau hier lebt, dass ich gut gelandet bin und mich freue, ihn zu sehen, wann immer er es einrichten kann. Vielleicht hat er zufällig gerade keine Verpflichtungen und schlägt vor, dass wir uns spontan in der Nähe auf ein Mittagessen oder einen Tee treffen, dann könnte ich ihm ein paar allgemeine Verhaltensfragen stellen oder mir dies und das bei ihm abschauen, während wir zusammen durch die Stadt schlendern.

Natürlich habe ich eine lange Liste von Orten, die ich unbedingt besuchen will: das Nationalmuseum, das Nezu-, Gotō-, Idemitsu- und das Mitsui-Memorial-Museum. Ich werde mir den Asakusa-Tempel ansehen und den Meiji-Schrein, auch wenn es sich bei beiden Anlagen um Nachkriegsrekonstruktionen handelt. Selbstverständlich werde ich ins Kaufhaus Mitsukoshi gehen, wo bis in die 90er Jahre »Lebende Nationalschätze« wie Arakawa Toyozō, Yū Fujiwara oder Yamada Jōsan ihre Keramiken quasi frisch aus dem Ofen verkauft haben, aber auch auf die Ginza und nach Shibuya, um mir den Konsumkapitalismus in seiner japanischen Variante anzuschauen.

Allerdings liegen, bis auf das Kaufhaus Mitsukoshi, alle Sehenswürdigkeiten so weit von meinem Ryokan entfernt, dass ich mir zuerst sinnvolle Routen mit Hilfe von Reiseführern, Fahrplänen beziehungsweise Google Maps heraussuchen muss. Bevor ich aber jetzt die Hälfte meines ersten Japan-Tages trotz strahlenden Sonnenscheins in einem winzigen

Zimmer auf dem ausgerollten Futon sitze und mir Informationen beschaffe, von denen ich nicht weiß, ob sie am Ende überhaupt etwas nützen, werde ich das tun, was ich auch in orientalischen Städten immer als Erstes tue, nämlich zu Fuß und ohne bestimmtes Ziel die Gegend rund um mein Hotel beziehungsweise in diesem Fall Ryokan erkunden.

Ningyōchō scheint dafür geradezu ideal zu sein. Das Stadtbild erinnert an Berlin-Prenzlauer Berg oder -Friedrichshain – eine, zumindest für Touristen, angenehme Mischung aus urbanem Wohngebiet, Einkaufs- und Ausgehviertel. Linkerhand befinden sich zahlreiche kleine Geschäfte, Restaurants, Cafés. Ich werde schnell vieles lernen: Am Angebot in den Schaufenstern erkennt man die Bedürfnisse der Menschen, an der Art, wie sie dekoriert sind, ihre ästhetischen Vorlieben, und wo weder zu wenige noch zu viele Passanten unterwegs sind, bekommt man einen guten Eindruck von ihren Eigenarten hinsichtlich Kleidung, Mimik und Gestik und erfährt ganz nebenbei, wie man sich in der Öffentlichkeit benimmt.

Ich gehe bis zur nächsten Kreuzung, entschlossen, neugierig, gut gelaunt, und zögere dann doch wieder. Weniger, weil ich Angst hätte, mich zu verlaufen – das ist mit einem Smartphone inzwischen selbst in der Altstadt von Karachi kaum noch möglich –, eher, weil mir die Möglichkeit, einfach so durch Tokio zu spazieren, nachdem ich über dreißig Jahre darauf gewartet habe, plötzlich ganz und gar unwirklich erscheint.

Selbst wenn täglich Hunderttausende, wahrscheinlich Millionen Menschen hierhin und dorthin fliegen und wir diese Art der Fortbewegung mittlerweile gewöhnt sind, ist der menschliche Geist, oder wie immer man es nennen will, nach wie vor mit der Erfahrung überfordert, derart riesige Distanzen in einer Düsen-beschleunigten Blechkapsel ohne Erfahrung des vorbeiziehenden Raums in viel zu kurzer Zeit zu überwinden.

Ich denke an die buddhistischen Mönche, die nach ihrer Landung in Abu Dhabi zunächst drei Tage am Flughafen saßen und darauf warteten, dass ihre Seelen ihnen nachgefolgt wären, ehe sie sich von der Stelle bewegten. – Dafür ist es jetzt zu spät, und ich kann nur hoffen, dass meine Seele, wenn sie morgen oder übermorgen in Narita eintrifft, nicht schon in der Gepäckausgabe das Handtuch wirft und sich nach einer anderen Möglichkeit der Materialisierung umschaut.

Meine Unentschlossenheit hat auch damit zu tun, dass jede Entscheidung, die ich treffe, zahllose andere ausschließt, ohne dass ich Kriterien oder Gründe zur Hand hätte, die das eine sinnvoller als das andere erscheinen ließen. Ich stehe hier wie der Esel, der zwischen zwei Heuhaufen verhungert: Ganz gleich, welchen ich wähle, es kann der falsche sein.

Das ist natürlich ein unsinniger Gedanke, erst

recht, wenn man sich auf der Suche nach dem Geist des Zen, den es gar nicht gibt, durch Tokio bewegt. Einer seiner – ebenfalls nicht existierenden – Eckpfeiler wäre die von niemandem erhobene Forderung, Erlebnisse, Dinge, Begegnungen nicht nach Größe, Schönheit oder Wichtigkeit zu klassifizieren. Das herausragende Lebensereignis wiegt nicht schwerer als gähnende Langeweile; die in allen Farben des Lichts schillernde Meeresoberfläche ist nicht besser als die graue Wand. Alles dauert nur einen Moment, dessen Ausdehnung gen null tendiert, und ist schon vorbei, wenn es in meinem Bewusstsein auftaucht – jedenfalls so lange, wie sich dieses Bewusstsein innerhalb des modernen, ökonomisierten Wahrnehmungsmodus bewegt, der darauf trainiert ist, jedes Ereignis, jeden Gegenstand, jede Begegnung auf einer imaginären Skala in erregend oder öde, kostbar oder wertlos, zielführend oder unnütz einzuteilen. Der wache, unvoreingenommene Geist hingegen nimmt alles unterschiedslos mit ruhiger Offenheit wahr, weil er zwangsläufig immer und überall Erfahrungen machen wird, für die es sich lohnt, genau hier anwesend zu sein – und selbst diesen Gedanken denkt er nicht.

Doch auch wenn mir die unauflöslichen Widersinnigkeiten höherer Ordnung, wie sie die Kōan zum Ausdruck bringen, einigermaßen vertraut sind, bin ich zumindest im Moment noch nicht in der Lage, *meine Schritte in keine Richtung zu lenken.*

Ich öffne das Navigationsprogramm des Telefons und schaue mir die Umgebung meines aktuellen Standorts an. Ganz in der Nähe fließt der Sumida. Der Weg dorthin ist einfach: siebenhundert Meter geradeaus. Ich kenne den Fluss von Hiroshiges Holzschnitten, wo er auf mehreren Blättern dargestellt ist. Unter anderem gab es hier eine sehr berühmte Brücke, die Ryōgoku-bashi, an der in der späten Edo-Zeit spektakuläre Feuerwerke veranstaltet wurden.

Ich folge dem Pfeil auf dem Bildschirm, drehe um, passiere erneut das *Café de Crié*, den Reiscrackerladen, das Puppenschaufenster und das Yakitori-Restaurant. Auf der anderen Seite der Kreuzung befindet sich ein Kimono-Schneider. Verschiedene Stoffe in Pastelltönen mit Motiven aus blassen Ahornblättern, passend zum Herbst, sind auf schwarz lackiertem Gestänge drapiert, dahinter hängt ein graphisches Plakat mit einem grimmigen Samurai, der sein Schwert durch die Luft sausen lässt. An der Verkaufstheke im Inneren steht ein schlanker Mann in schwarzer Anzughose, schwarzer Weste über weißem Hemd und erinnert an einen Croupier in der Wiesbadener Spielbank. Es folgt eine weitere Sake-Kneipe, eine kleine Boutique für die Art westlicher Kleidung, die japanische Rentner gerne tragen: Popeline-Blousons, Hemden und Hosen aus seltsam unspezifischen Stoffen in Beige, fahlem Blaugrau, hellem Violett.

Dann ist es erst einmal vorbei mit den Geschäften.

Ich durchquere eine Art Wohngebiet. Rechts und links reihen sich gesichtslose Fassaden aneinander, Fenster mit angegrauten Gardinen, hinter denen man ein altes Gesicht erwartet, das aber nicht erscheint. Ich passiere gekachelte Garageneinfahrten, Hauswände, die mit weißen Fliesen verkleidet sind, ein neueres Firmen- oder Verwaltungsgebäude mit glänzenden Granitplatten und großen Flächen aus getöntem Glas.

Abermals frage ich mich: Wenn die japanischen Schriftzeichen nicht wären, woran würde ich festmachen, dass ich in Tokio und nicht in Karlsruhe oder Düsseldorf bin? Dort, auf der Immermannstraße, in der sich zahlreiche japanische Geschäfte und Restaurants angesiedelt haben, fänden sich vermutlich sogar die gleichen Werbebanner.

Es sind gestalterische Details, schwer festzumachen, Proportionen, die Art, wie Rundformen zu Rechtwinkligem ins Verhältnis gesetzt werden, subtile Unterschiede in der Art und Weise, Fliesen, Natursteinplatten, Putz, Glas und Metall miteinander zu kombinieren. Sie würden mir, wenn ich keine Ahnung hätte, wo ich wäre, zumindest das Gefühl geben, nicht in Deutschland zu sein. Doch wenn mir jemand die Augen verbinden, mich einige Male um die eigene Achse drehen und dann behaupten würde, dass ich in Brüssel oder Rotterdam bin, würde ich ihm auch glauben.

Am meisten wundert mich, dass nahezu keine Menschen unterwegs sind. Alle Leute in arbeitsfähigem Alter scheinen in ihren Büros, Geschäften, Manufakturen, Restaurantküchen zu sein, alle Kleinkinder in Tagesstätten, alle Schüler in Schulen, alle Studenten in Seminaren. Ich weiß nicht, wie die wirtschaftliche Lage in Japan sich aktuell darstellt, ob Vollbeschäftigung herrscht, trotz der nach wie vor schleppenden Konjunktur, zu deren Stützung der Premierminister immer neue Programme beschließt? Oder ob es sich einfach nicht gehört, sich mitten am Tag müßig in der Stadt zu zeigen? Vielleicht ist es wieder nur die multimedial vermittelte Erwartung dichten Gedränges in Japan, die mir die Straßen so verwaist erscheinen lässt. Womöglich ist in den Wohngebieten deutscher Großstädte um diese Tageszeit auch niemand unterwegs. – Allerdings bin ich ganz sicher, dass man zumindest in Berlin nach dreizehn Uhr große Mengen von Schülern auf dem Weg nach Hause oder zum nächsten Kiosk antreffen würde. Bei blauem Himmel und angenehmen Temperaturen versammelten sie sich auf Spielplätzen oder öffentlichen Grünflächen, äßen Döner oder Pizza, diskutierten, rauchten, machten Kunststücke mit ihren Skateboards. Freiberufler und Studenten, die gerade keinen Auftrag oder keine Vorlesung hätten, säßen mit ihrer Zeitung oder dem Tablet und Kaffee im Pappbecher in der Sonne. Dazu Hundebesitzer, Rentner, die vom Einkaufen kämen, Verrückte.

Ich erreiche den Hamachō Park, bin also richtig gegangen. Die Anlagen sind gepflegt, doch ebenfalls menschenleer. Niemand, der sich auf einer der zahlreichen Bänke niedergelassen hätte, um den schönen Tag zu genießen. Die Blätter der Ginkgo-Bäume haben sich bereits postkartentauglich verfärbt und leuchten in geradezu schmerzhaftem Gelb. Auch hier sind die Spuren der Wassermassen des jüngsten Taifuns deutlich zu erkennen, wie ausgetrocknete Wadis haben sie sich in Teile der Beete gegraben. Zwischen den Bäumen steht ein Kastenkarren, der aussieht, als würde er einem Gärtner oder einer Reinigungskraft gehören: mehrere Sorten von Besen, Rechen, Schaufeln ragen heraus, in der Mitte türmen sich Säcke vollgestopft mit Laub, gleichzeitig sind die Holzplanken rundherum mit blickdichten Plastiktüten verschiedener Kaufhäuser behängt, wie man es bei uns von obdachlosen Parkbewohnern kennt. Aber da ist niemand, dem der Karren gehört.

Ich wende mich nach links, weil der Weg hinunter zum Ufer des Sumida dort entlangzuführen scheint, und lande vor dem hohen Maschendrahtzaun eines riesigen Sportplatzes. Das Spielfeld ist für Baseball ausgelegt, weiter hinten liegen aber auch Fußballtore, die man bei Bedarf aufstellen kann.

Ein schmaler Weg führt um das Gelände herum, ohne dass sich irgendwo ein Durchgang zum Fluss öffnen würde.

Ich schaue mich um. Die Gartenarchitekten haben den Park so angelegt, dass keine offenen Blickachsen entstehen, sondern die Sicht immer wieder durch Baumgruppen, dichtes Buschwerk, efeubewachsene Mauern verstellt ist, die den Eindruck erwecken, dahinter sei etwas Geheimnisvolles verborgen. Ich gehe zurück, öffne noch einmal den Routenplaner, er dirigiert mich nach links, einen gepflasterten Aufgang hinauf.

Mein Telefon sagt, dass ich erneut links abbiegen soll, und tatsächlich befindet sich hinter der nächsten Kurve zwischen den gewaltigen Betonpfeilern einer Verkehrstrasse eine breite Treppe hinunter zum Ufer des Sumida.

Das Wasser fließt ruhig und blauschwarz dahin. Auf der gegenüberliegenden Seite ragen breite Hochhausriegel mit fünfzehn oder zwanzig Stockwerken in den Himmel, die an DDR-Plattenbauten aus den 70er Jahren erinnern. Über mir erstreckt sich in beide Richtungen die monumentale Konstruktion der Hochstraße, so dass das gesamte Ufer in ewigem Schatten liegt. Auf beiden Seiten, jeweils hundert, vielleicht zweihundert Meter entfernt, führen moderne Brücken über das Wasser. Unmittelbar vor mir hat eine schwimmende Baggerplattform festgemacht, vermutlich um Sandablagerungen aus der Fahrrinne zu entfernen. Zwei Männer mit Schutzhelmen in blauer Arbeitsuniform stehen da. Welcher Aufgabe sie nachgehen, ist nicht zu erkennen. Einer spricht in sein Funkgerät. Ansonsten hält sich auch hier niemand auf, obwohl die Stadtverwaltung, das Grünflächenamt oder wer immer in Tokio für die Gestaltung öffentlicher Anlagen zuständig ist, sich redlich bemüht hat, der Promenade entlang des in ein Betonbett gezwängten Flusses so etwas wie Naherholungswert zu geben. Der breite Weg zwischen Wasserkante und dem bewachsenen Steilhang ist mit unterschiedlichen Bodenbelägen durchaus abwechslungsreich gestaltet: Auf ein Schachbrettmuster aus blauen und grauen Platten folgen geschwungene Abschnitte aus Waschbeton, dessen Kiesel alle dieselbe Farbe und Größe haben. Daneben verläuft ein breiter mäandernder Streifen aus unregelmäßigen Bruchschieferplatten, der wohl einen natürlichen Wasserlauf imitieren soll. Zum Rand hin finden sich Partien in klassischem Granitkopfsteinpflaster.

Das Ganze sieht aus, als hätte sich Le Corbusier von einem japanischen Teegarten inspirieren lassen, ohne den Geschmack des Tees zu kennen.

Ich wende mich nach rechts. Hinter der nächsten Ecke ist die Steilwand nackt und in kräftigem Blau gestrichen. Auf dem Blau befinden sich in größeren Abständen Bilder. Riesenhafte Vergrößerungen berühmter Holzschnitte von Brücken und Flüssen wechseln sich mit weißen Strichzeichnungen ab: ein Angler unter einem dreieckigen Strohhut, der am

Ufer hockt und seine Rute ins stilisierte Wasser hält, ein weiterer Angler, stehend. Vor den Bildern sind ockerfarbene Stahlgitterstäbe verschiedener Dicke montiert, die wohl an traditionelle Bambuszäune erinnern sollen. Der Weg führt durch eine begehbare Skulptur – das Symbol eines Hauses aus Balken, wie man es in der 1980er Jahren auch in Deutschland als Kunst im öffentlichen Raum aufgestellt hätte –, dahinter wechselt der Wandanstrich zu schimmelfarbigem Grün. Die Strichzeichnungen sind jetzt schwarz statt weiß: Ein Samurai, der sein Schwert neben sich auf den Boden gelegt hat, schlägt an einer Art transportablem Kohleherd eine Schale Tee auf. Es folgt ein Holzschnitt von Hiroshige, den ich kenne: wieder eine Brücke, auf der eine Reihe von Trägern Körbe und Pakete schleppen.

Am nächsten Pfeiler enden die Bilder. Die Wand ist jetzt grau, wie Beton eben grau ist. Davor wurde eine schmale, mit Kunstrasen ausgelegte Fläche abgetrennt, die sich in zwei getrennten Segmenten ungefähr hundert Meter weit hinzieht. Die erste Hälfte ist verschlossen, im zweiten Teil jedoch halten sich fünf Leute, mit ihren Hunden auf – drei Frauen und zwei Männer. Bei den Hunden handelt es sich ausnahmslos um die Rasse, die unter dem Namen »Shiba Inu« gerade auch in Berlin sehr populär ist. Sie sehen aus wie eine Kreuzung aus Fuchs und Husky. Drei von ihnen zeigen die klassische rotbraune Färbung,

dazu ein weißes und ein schwarz-braunes Exemplar mit heller Maske. Die Besitzer sind unterschiedlich alt und gehören offensichtlich auch verschiedenen gesellschaftlichen Gruppen an: eine Mitte fünfzigjährige Dame mit Baskenmütze und aus der Zeit gefallener Hornbrille; ein älterer Herr in dunkelblauer, hochgeschlossener Baumwolljacke, ein jüngerer mit Trainingsanzug und Basecap, auf der die Großbuchstaben »NY« appliziert sind, eine seltsam unscheinbare Frau in einem grell aprikotfarbenen Blouson, wie sie in blasseren Varianten die Rentner tragen, dazu eine Cover-Schönheit in kurzem Rock, deren Gesicht mir bekannt vorkommt, als hätte ich sie schon in Filmen gesehen.

Mein erster Gedanke ist, dass es – selbst wenn keines der Tiere unter Durchfall leidet – wohl kaum einen unbrauchbareren Untergrund für einen Hundeauslauf gibt als Kunstrasen. Im nächsten Moment zerfällt mir die Selbstverständlichkeit, in Japan auf eine Ansammlung typisch japanischer Hunde zu stoßen, und wird von dem Verdacht verdrängt, dass das japanische Bedürfnis nach Unauffälligkeit und Anpassung wohl sogar die Wahl der Hunderasse einschließt. Für den Gedanken würde ich mich scharf zurechtweisen, wenn ich ihn mich hätte sagen hören. Wobei er mir gar nicht in Sinn gekommen wäre, wenn nicht genau diese geradezu rassistischen Klischees vom gleichgeschalteten Japaner in den unkontrollierbaren Dunkel-

kammern meines Denkens trotz allem noch immer herumspuken würden. Natürlich bilden fünf Menschen mit fünf Hunden, die zufällig in einem trostlosen Freilaufgelände zusammentreffen, keine statistisch relevante Größe, aus der sich soziokulturelle Schlüsse ziehen ließen. Abgesehen davon ist es durchaus möglich, dass man in Tokio mit der Entscheidung für einen braunen, weißen oder aber schwarzen Shiba Inu ein ebenso klares Zeichen seines radikalen Individualismus oder eben einer bestimmten Gruppenverbundenheit setzt, wie man es in Berlin durch die Wahl eines Dackels, eines Pitbulls oder eines spanischen Straßenkötermischlings täte.

In diesem Moment öffnet eine weitere Frau das Törchen. Sie trägt eine neongelbe Warnweste und wirkt sehr schlecht gelaunt, als sie ihren dicklichen Jack Russell Terrier von der Leine lässt und meine Statistik auf den Kopf stellt.

IV. Kunst und Metro

Als ich abends auf meinem Futon sitze und den Laptop einschalte, sehe ich, dass mein Freund Alex mir geschrieben hat: Im Suntory Museum of Art gibt es aktuell und nur noch diese Woche eine große Ausstellung mit Teekeramik aus dem 16. und 17. Jahrhundert. Vor allem die berühmten Chawan aus Mino im Shino-, Seto- und Oribe-Stil sind dort zusammengetragen, dazu zahlreiche Stücke von zweien der wichtigsten Keramiker des 20. Jahrhunderts, Katō Tōkurō und Arakawa Toyozō. Soweit er es von Berlin aus beurteilen kann, wird man eine solche Auswahl nie wieder an einem Ort zu sehen bekommen.

Einen Besuch des Suntory-Museums hatte ich eigentlich gar nicht geplant, und der englischsprachigen Internetseite ist nicht zu entnehmen, welche Chawan genau sie dort zeigen, aber Alex weiß immer alles, was in Japan wichtig sein könnte, und die Tatsache, dass er mir eigens eine E-Mail schickt, reicht, um mich zu überzeugen, als Erstes dorthin zu fahren.

An der Benutzung der U-Bahn auch ohne vorherige Einweisung durch jemanden, der sich auskennt, führt also kein Weg vorbei. Frau Okazaki hat mir einen Metrofahrplan gegeben, der im Prinzip genauso aussieht wie der von Berlin, nur dass sich hier ein Vielfaches an bunten Linien, Kreuzungspunkten und Haltestellennamen ineinander verschlingt. Es ist kein Ring eingezeichnet, der vielleicht doch so etwas wie ein Zentrum umkreisen würde. Frau Okazaki hat den nächstgelegenen Bahnhof markiert, der »Ningyōchō« heißt, wie das Viertel, außerdem die Station am Asakusa-Tempel, den ich mir unbedingt als Erstes anschauen soll.

Da ich von Tokios Topographie nur eine theoretische Vorstellung habe, ist das Gewirr völlig undurchschaubar, und bei dem Versuch, Metrokarte und Stadtplan auf dem Bildschirm zusammenzuführen, verirre ich mich hoffnungslos. Ich falle kurz in einen Zustand kindischer Verzweiflung, will Kumekawa-san oder meinen Freund Christoph zu Hilfe rufen, dass ich jemanden brauche, der mich begleitet, gehe dann aber doch erst einmal zu Googles Routenplaner und stelle fest, dass die Fahrt vom Ryokan mit der Hibiya-Linie zum Bahnhof Roppongi lediglich zwanzig Minuten dauert, und von dort sind es 500 Meter zu Fuß zum Museum. Ich muss nicht einmal umsteigen. Leichter kann die Erstbenutzung des öffentlichen Nahverkehrs eigentlich nicht sein.

Als ich mich am nächsten Morgen nach einem Abstecher zu meinem neuen Rauchplatz auf den Weg zur U-Bahn mache, bin ich innerlich auf das größte Gedränge seit dem Peter-Gabriel-Konzert in der O2-Arena eingestellt, aber schon von weitem sehe ich, dass keine Massen in die Station strömen. Am Eingang bin ich der Einzige, der die Stufen hinuntersteigt, es kommt mir auch niemand entgegen.

Auf der ersten Ebene befindet sich eine Reihe Einlassschranken. Ich lege meine Pasmo-Card auf ein gläsernes Lesefeld: Der Betrag für die Fahrt wird abgebucht, und die Schranke öffnet sich. Daneben sitzt ein uniformierter Aufseher in seinem Glaskabuff und stellt sicher, dass alles ordnungsgemäß abläuft. Es ist dasselbe Prinzip wie in Istanbul und so viel einfacher als das Fahrkartenautomatenchaos bei deutschen Verkehrsbetrieben. Die ewige Suche nach Kleingeld fällt weg, und da niemand einen Zug besteigen kann, ohne bezahlt zu haben, werden auch keine Kontrolleure benötigt.

Ich stehe in der niedrigen Durchgangshalle und sehe mich um. Es gibt zwei Abgänge zu den Gleisen, einen Toilettenbereich, auch hier wieder Automatenreihen und zahlreiche verschiedenfarbige Hinweistafeln, die mir helfen sollen, mich zurechtzufinden. In der Fülle verursachen sie vor allem weitere Verwirrung. Nach wie vor bin ich so sehr in der Vorstellung gefangen, alles hier müsse irgendwie anders sein, dass ich dreimal hinschaue, nachlese, überlege, bevor ich das tue, was auf der Hand liegt.

Zum Glück habe ich keine feste Verabredung. Es ist zwanzig nach zehn, das Museum öffnet um elf und es spielt keine Rolle, ob ich eine halbe Stunde früher oder später dort ankomme. Tatsächlich sind – anders als in Doris Dörries Film von 1999 – die meisten Schilder zweisprachig oder benutzen global verständliche Symbole. Ich muss sie lediglich in Ruhe lesen: Auf dieser Strecke gibt es Züge Richtung Ueno und Richtung Roppongi. Der Name steht in fetten Buchstaben über dem rechten Gleiszugang. Ich schaue trotzdem noch einmal auf den Routenplaner, ob ich mir alles richtig gemerkt habe.

Unten warten lediglich drei Fahrgäste. Ein weiterer Aufseher, deutlich älter als der neben den Einlassschranken und vom Gefühl der Bedeutung seiner Tätigkeit erfüllt, sieht nach dem Rechten, geht gemessenen Schrittes hierhin und dorthin, wirft kritische Blicke ins Gleisbett.

Nicht ein Kaugummipapier liegt auf dem Boden, nirgends Spuren verschütteter Getränke, niemand hat besoffen gekotzt oder irgendwo hingepinkelt, nicht ein einziger Graffito oder Edding-Tag auf den makellos grauen, mit hell emaillierten Platten verkleideten Wänden. Selbst die Scheiben vor den Werbeplakaten sind frisch geputzt.

Die Anzeigetafel über dem Bahnsteig kündigt an, dass der nächste Zug in zwei Minuten fährt. Obwohl ich mir sicher bin, bis jetzt alles richtig gemacht zu haben, melden sich erneut Zweifel, erstens, weil es so einfach doch nun wirklich nicht sein kann, die berüchtigte Tokioter Metro zu benutzen, zweitens, weil

hier weniger los ist als auf einem abgelegenen Berliner S-Bahnhof nach Mitternacht.

Auch der Zug ist nicht voll, es gibt sogar freie Sitzplätze. Niemand isst, niemand trinkt, niemand telefoniert, keine Gespräche unter den Fahrgästen. Während ich notorisch neugierig in jedes Gesicht schaue, automatisch Haltungen, Kleidungsstile betrachte, einordne, deute, über die verschiedenen Arten staune, wie man sich mit seinem Handy beschäftigen kann, ohne die geringste Mimik zu zeigen, sieht mich umgekehrt kein Mensch an. Nicht einmal zufällig trifft mein Blick auf den eines anderen.

Mir fällt ein Satz wieder ein, den Horst Egon Kalinowski, mein erster Professor an der Karlsruher Kunstakademie, vor 35 Jahren gesagt hat, nachdem er von einer vierwöchigen Japan-Reise zurückgekehrt war: »Das Irritierendste ist, dass alle an dir vorbeischauen – niemand nimmt dich wahr.«

Kalinowski empfand dieses Übersehenwerden wohl als Missachtung seiner selbst und war darüber beinahe persönlich gekränkt, wohingegen mir plötzlich dämmert, dass mein eigener Blick hier möglicherweise nicht einfach offen oder interessiert, sondern übergriffig, wenn nicht sogar schamlos wirkt.

Irgendwo habe ich gelesen, dass Japaner, während sie in einer vollgestopften Metro sitzen, ohne Scheu Hardcore-Pornos anschauen, Hefte – inzwischen wahrscheinlich Videos –, worüber sich jedoch niemand aufregt oder auch nur den Kopf schüttelt, weil es einfach gar nicht zur Kenntnis genommen wird. Die Privatsphäre des anderen ist durch von klein auf geübte Blicktabus so vollständig geschützt, dass das, was man in der Zeitschrift oder auf dem Bildschirm des Sitznachbarn sieht, schlicht nicht existiert. Vielleicht war das Ganze aber auch bloß die Geschichte eines genervten Korrespondenten, dem es ein Mal irgendwo aufgefallen ist, so wie es vermutlich auch ab und an in Berliner S-Bahnen vorkommt, und weil er es für signifikant japanisch hielt, hat er es als allgemeines Phänomen beschrieben und seiner Redaktion geschickt.

Während mir in Hochgeschwindigkeit tausend Dinge durch den Kopf schießen, ausgelöst durch lauter erste Eindrücke, die mein übermüdet-überwaches Bewusstsein versucht, in das System meines inneren Japans einzuordnen, schrecke ich alle paar Sekunden hoch, weil ich fürchte, vor lauter Gedanken meine Haltestelle zu verpassen. Euphorie und ungläubiges Staunen, dass ich tatsächlich gerade in Tokio unterwegs bin, vermengen sich mit der Sorge, mich danebenzubenehmen oder mich hoffnungslos zu verirren – wobei zumindest letztere völlig unbegründet ist: Ich habe eine Visitenkarte des Ryokan und Yen im Wert von fast vierhundert Euro im Portemonnaie – dafür käme ich notfalls mit einem Taxi vom äußersten Ende der Stadt zurück nach Ningyōchō. Außerdem befinden sich über allen Türen Bildschirme, die anzeigen, welche Stelle der Strecke der Zug gerade passiert, und kurz vor der Ankunft wird die nächste Station groß eingeblendet, außerdem ihr Name über Lautsprecher verkündet: Eigentlich ist es vollkommen unmöglich, sich zu verfahren.

Vor allem bin ich gespannt, fast nervös, wegen der Teeschalen, die ich gleich sehen werde. »Die meisten kennst du sicher aus Büchern«, hat Alex geschrieben. Doch in meine Vorfreude mischt sich die leise Furcht, dass die Originale mich vielleicht enttäuschen könnten, nicht, weil sie tatsächlich schwächer oder schlechter wären als auf den Abbildungen, sondern weil meine Erwartungen so groß sind, dass kein realer Gegenstand sie erfüllen kann.

Japanische Teeschalen der Momoyama-Zeit (1573–1603) sind für mich das Geheimnisvollste, Rätselhafteste und Schönste, was je von Menschenhand gemacht wurde. Ich habe immer wieder vergeblich versucht, den Anfang oder ersten Auslöser dieser Anziehung zu finden. Mit achtzehn oder neunzehn hatte ich bereits eine mythische Vorstellung der Chawan in meinem Kopf, aber ich wüsste nicht, wann und wo ich zu diesem Zeitpunkt überhaupt ein Exemplar gesehen haben könnte.[4]

---

4 Noch unerklärlicher ist mir, wie ich als 13-Jähriger auf die Idee gekommen bin, eine Sammlung japanischer Teekeramik zu beginnen? Zu diesem Zeitpunkt hatte ich lediglich eine billige

Spätestens seit der Serie *Shogun*, die 1982 erstmals im deutschen Fernsehen lief, hielt ich die Teezeremonie für das zentrale Ritual, um das die gesamte japanische Kultur kreist. Kawabatas Roman *Tausend Kraniche* fiel mir in die Hände, dessen Handlung vermutlich irgendwann in der Vorkriegszeit spielt, aber seine heimlichen Hauptfiguren sind einige herausragende Teegefäße aus der Momoyama-Zeit. Kawabata hatte als bis dahin einziger Japaner den Literaturnobelpreis bekommen, und ich ging selbstverständlich davon aus, dass seine Bücher die ganze Wahrheit über das Land enthielten. Daneben erinnere ich mich an Szenen aus einem der beiden Spielfilme über Sen no Rikyū (1522–1591), auf den der Teeweg, wie er bis heute praktiziert wird, zurückgeht.[5]

Exportteekanne mit Bambuszweigen aus dem eben eröffneten Teegeschäft in Goch, fünf kleine Tokoname-Schälchen in unglasiertem rotem Ton aus dem Besitz meines Großvaters und das japanische Nachkriegsporzellanservice mit den stilisierten blauen Blütenornamenten, das meine Mutter als Studentin gekauft hatte, in der Hand gehabt. Und natürlich steht es in keinerlei Zusammenhang zu den sonderbaren Fischernetzen, die ich wiedererkannt habe, ohne ihnen je zuvor begegnet zu sein.

5 »Chanoyu: das heißt / dessen soll man sich bewusst sein / nur Wasser zu kochen, / Tee zu bereiten / und ihn zu trinken«, sagt Rikyu in seinem wohl berühmtesten Lehrgedicht über die Teezeremonie. Daneben wird diese Art der Teezubereitung als Ritualkunst oder Kunstritual, aber auch als ein »Weg« (-do) verstanden, der auf eine umfassende Schulung des menschlichen Geistes zielt und im Laufe der Zeit das gesamte Leben umformt.

Sie müssen allerdings aus einer etwas späteren Zeit stammen: *Rikyū, der Teemeister* von Hiroshi Teshigahara und *Tod eines Teemeisters* von Kei Kumai kamen erst 1989 ins Kino und dürften frühestens Anfang der 1990er in Deutschland gelaufen sein. Etwa zur selben Zeit zeigte das 3. Programm eine Dokumentation über japanische Gegenwartskeramiker. Darin wurden drei oder vier berühmte Töpfer porträtiert, deren Familien seit Jahrhunderten in ununterbrochener Traditionslinie Gefäße für die Teezeremonie herstellten. Vor allem Raku Kichizaemon XV. ist mir im Gedächtnis geblieben. Er dürfte damals Ende dreißig gewesen sein, wirkte aber deutlich jünger. Seine Bewegungen strahlten eine gesammelte Ruhe aus, die ich nie zuvor gesehen hatte. Er erzählte, dass der Ton, den er heute benutze, von seinem Ur- oder Ururgroßvater vorbereitet und eingelagert worden sei, so wie er jetzt den Ton für seine Nachfolger vorbereite. Dann ging er in den Garten zu einem Feld mit schwarzen Flusskieseln aus dem Bett des Kamogawa, die seit Jahrhunderten von seinen Vorfahren gesammelt worden waren. Er übergoss sie mit einem Eimer Wasser, damit sie ihren vollen Glanz zeigten, wählte eine Handvoll Steine aus, die er anschließend staubfein zermahlte, zu einer dickflüssigen Glasur anrührte und auf die ungebrannten Teeschalen auftrug. Jede Chawan wurde einzeln in einem kleinen Ofen gebrannt, der eher wie eine

Schmiedeesse als wie ein Keramikofen aussah. Weißglühende Kohle bedeckte eine Schamottekapsel, aus der Kichizaemon die Schale am Ende des Brennvorgangs ebenfalls weißglühend mit einer Zange heraushob. Das ungeheuer tiefe und vielschichtige Schwarz, das die Chawan nach dem Abkühlen zeigte, war das Schwarz geschmolzener Flusskiesel. Allein der Gedanke flößte mir Ehrfurcht ein: Irgendwann vor Jahrmillionen war das Gestein flüssig und über tausend Grad heiß aus der Erde getreten. Über endlose Zeiträume hatten Korrosion, Abrieb, die Kraft des Wassers es zu einem Kiesel geformt, der schließlich, nachdem er noch einmal die kurze Spanne von ein paar Jahrhunderten oder Jahrzehnten hier im Garten gelegen hatte, in der Glut eines menschengemachten Feuers erneut verflüssigt wurde, um zum Glanz einer Teeschale zu werden. Elementarer, gewaltiger und magischer konnte die Herstellung eines Gegenstands nicht sein.

Gleichwohl waren mir mehr oder weniger alle Gefäße, die diese Keramiker aus ihren Öfen zutage förderten, in ihrer verstörenden Unebenmäßigkeit, den gebrochenen Oberflächen, wild verlaufenen Glasuren völlig unbegreiflich. Ich verstand weder, welchen inneren Gesetzmäßigkeiten sie gehorchten, noch, weshalb überhaupt alles krumm und schief sein musste, während es doch beim Töpfern normalerweise seit über 10000 Jahren überall auf der Welt darum gegangen war, das Material in eine möglichst perfekte Form zu bringen.

Nicht nur die Raku-Keramik, nahezu alle japanischen Keramikstile und -traditionen wurden im Verlauf des 16. und frühen 17. Jahrhunderts für die Teezeremonie entwickelt. Auch wenn chinesische und koreanische Einflüsse dabei eine nicht unwichtige Rolle gespielt haben, außerdem die rauen Gebrauchsgefäße aus den ländlichen Holzbrandöfen in den Kanon des Teegeräts aufgenommen wurden und neue Wertschätzung erfuhren, kam es in dieser Zeit unter dem Einfluss der Teemeister zu einem in der Kunstgeschichte wohl einmaligen Innovationsschub bei Gefäßtypen, Formen, Dekoren und Glasuren. Weder für die unausschöpfliche Einfachheit der frühen Raku-Chawan, noch für die expressiv verformten, mit wilden Pinselchiffren bemalten Gefäße im Oribe-Stil oder die poetisch versonnenen Glasuren, wie sie koreanische Töpfer, die Hideyoshi während seines gescheiterten Koreafeldzugs verschleppt hatte, in Hagi, Karatsu und Takatori entwickelten, findet sich vor dem 20. Jahrhundert Vergleichbares.

Als ich die ersten Teeschalen im Oribe-Stil sah, fielen mir Künstler wie Beuys oder Tàpies ein, und wenn es nicht unzweifelhaft belegt gewesen wäre, hätte ich niemals geglaubt, dass diese Keramiken tatsächlich aus dem 16. Jahrhundert stammten. Auch die ästhetischen Konzepte, die der Gestaltung zugrunde lagen, werden erst in der Moderne wieder aufgegriffen: Statt feinziselierter artistischer Perfektion, die sich selbst, Künstler und Auftraggeber, feiert, sollten die elementare Kraft der Erde und die Urgewalt des Feuers in die Gefäße eingebrannt sein. Verformungen, Risse, aufgeplatzte Oberflächen machten den Entstehungsprozess selbst zum Thema und strahlten zugleich eine Selbstverständlichkeit aus, als wären sie nicht das Resultat künstlerischer Absicht, sondern auf naturhafte Weise entstanden. Dieses Schönheitsideal positionierte sich ausdrücklich im Gegensatz zur Eleganz und Anmut chinesischer Keramiken und Lackarbeiten, wie sie bis dahin bei den Teezusammenkünften des Hofadels Bewunderung und Verwendung gefunden hatten. Selbst Risse, Brüche, Schmutzablagerungen und Alterungsspuren wurden in diesem Zusammenhang nicht länger als Mangel, sondern als weitere Steigerung des angestrebten Ausdrucks sich selbst genügender Verlorenheit geschätzt. Dahinter stand die Vorstellung, dass das Verwitterte, Beschädigte, Unregelmäßige durch den Schmerzstich, den es im Betrachter auslöste, das Ideal der Vollkommenheit viel intensiver ins Bewusstsein rufen würde, als ein oberflächlich perfekter Gegenstand es jemals könnte. Allerdings führte dieser Ansatz bei den meisten Teemeistern nicht dazu, dass sie ihre Gefäße, den neuen Kriterien entsprechend, zu homogenen Ensembles zusammenstellten, sondern sie setzten bei der Auswahl bewusst auf größtmögliche Kontraste: hochglänzender Goldlack, der auf raue Holzbrandkeramik trifft, dazu oxidierte Bronze, naturbelassener Bambus ... Und warum dagegen dann nicht doch ein Wassergefäß aus blau-weißem Porzellan setzen?

Auch wenn die Teemeister von der Geistigkeit des Zen-Buddhismus geprägt waren, lassen sich diese Ideen und Konzepte kaum plausibel darauf zurückführen, geschweige denn reduzieren. Ebenso wenig habe ich bislang eine schlüssige Erklärung dafür gefunden, weshalb die wichtigsten Heerführer dieser Zeit in der Endphase des über hundert Jahre währenden japanischen Bürgerkriegs überhaupt Teemeister in ihren Stab bestellten und dem eigenartigen, auf den ersten Blick vollkommen nutzlosen Ritual der Teezeremonie eine herausragende Bedeutung einräumten.

Sen no Rikyū diente zunächst dem Heerführer Oda Nobunaga, dessen äußerst brutale Feldzüge, vor allem gegen die teilautonomen Klosterstaaten und ihre Kriegermönche, die Grundlage der Wiedervereinigung des Landes legten. Nobunaga war berüchtigt für sein unberechenbares, exzentrisches Verhalten und für seinen – in den Augen der Zeitgenossen – völlig unangemessenen Kleidungsstil. Nach seinem gewaltsamem Tod wurde Rikyū oberster Teemeister Toyotomi Hideyoshis, stieg zu dessen persönlichem Berater und wohl auch Freund auf, ehe er aus Gründen, die bis heute im Dunkeln liegen, in Ungnade fiel und Seppuku begehen musste.

Hideyoshi, der sich vom einfachen Soldaten zum mächtigsten Mann seiner Zeit hochgekämpft hatte, scheint regelrecht besessen von dem Gedanken gewesen zu sein, den Teeweg zum zentralen Ritual des Reiches zu machen. Mit großem Engagement scheint er die Entwicklung der Raku-Keramik durch den koreanisch- oder chinesisch-stämmigen Töpfer Chōjirō (1516-ca. 1592) begleitet zu haben. Er beauftragte Rikyū im Widerspruch zu dessen Ideal des einfachen, bescheidenen Tees mit der Einrichtung eines vollständig vergoldeten Teeraums für repräsentative Zwecke und ließ ihn 1587 eine Massenteeversammlung im Garten des Kitano-Tenmangū-Schreins organisieren, zu der aus dem ganzen Land alle anreisen sollten, die eine Teeschale ihr Eigen nannten. Ausdrücklich waren nicht nur Fürsten und Krieger aufgerufen zu kommen, sondern auch Handwerker, Kaufleute und Bauern, und wenn sie kein Geld für den kostbaren Tee hatten, sollten sie eben Gerstenpulver aufschlagen, als wäre es Matcha.

Auch wenn die gegenwärtige Kulturgeschichtsschreibung die Vorstellung von genialen Einzelnen, die, durchlässig für den von wo auch immer her wehenden Geist, etwas Herausragendes auf den Weg bringen und damit tatsächlich den Lauf der Welt verändern, für dunkelromantische Verklärung hält, spricht doch vieles dafür, dass es nicht primär machtpolitisches Kalkül oder ökonomische Zwangsläufigkeiten waren, sondern das Zusammentreffen einiger herausragender Persönlichkeiten in einer historisch einmaligen Konstellation, deren für die Zeit und das Land völlig unerwartete, radikal individualistische Herangehensweise zur Entstehung eines einzigartigen Gesamtkunstwerks führte, wie die Teezeremonie es darstellt.

Als ich aus der Metrostation trete, bin ich in dem Tokio, das man aus Nachrichtensendungen und Magazinen kennt. Über mir befindet sich eine gewaltige Hochtrasse und wirft ihren Schatten auf die gesamte Breite der unteren Straße. Ich muss an Chicago denken und noch einmal fällt mir Kalinowski ein: »Das alte Japan in den Tempeln und Gärten von Kyoto ist wunderbar, aber Tokio ist wie Amerika, nur schlimmer.«

Natürlich: Die Gebäude mit ihrer mittlerweile global gleichgeschalteten Vielfalt an Geschäften sind seltsam charakterlos. Vermutlich stammen sie aus den 80er Jahren und könnten nahezu identisch in jeder Metropole der Welt stehen, die zu dieser Zeit von Spekulanten und sogenannten Investoren modernisiert wurde. Über der Kreuzung vor mir prangt ein riesiges Kronensymbol, darunter der Schriftzug »*Rolex*«, linkerhand eine Restaurant der Burgerkette *Wendy's*. Im Eckhaus schräg gegenüber befindet sich eine mittelgroße japanische Bankfiliale, die genauso aussieht wie eine beliebige Sparkasse in Berlin. Auf ein Dry-aged-Steakhaus folgt *Starbucks*. Allerdings finden sich hier auch relativ viele Läden, die nicht zu internationalen Ketten gehören.

Mein Telefon weist mich an, links abzubiegen.

Ich passiere das Schaufenster eines Hundegeschäfts, in dem mehrere sehr kleine Welpen dösen: Bei dreien handelt es sich wieder um Shiba Inu. Das größte Exemplar ist jedoch eine schwarzweiße französische Bulldogge. Es ist die dritte, die ich hier sehe. Offenbar ist diese Rasse zur Zeit in Japan ähnlich beliebt wie in Berlin.

Kurz hinter einer neuen Luxus-Mall fordert die Telefonstimme mich auf, rechts abbiegen. Jetzt sind es noch hundertfünfzig Meter.

Auf den Abbildungen im Internet sieht das Suntory-Museum aus wie einer dieser typischen, nachpostmodernen Kunstpaläste, die während der vergangenen zwanzig Jahre von den immergleichen Architekten für milliardenschwere Unternehmenssammlungen gebaut worden sind: lose an die Ideen der klassischen Moderne anknüpfende Baukörper aus Stahlbeton mit irgendwie transparent wirkendem Fassadenbehang aus Glas, Metall oder poliertem Naturstein. Umso verwunderter bin ich, als ich tatsächlich, nachdem ich durch eine Drehtür gegangen bin, in einem weiteren Edeleinkaufskomplex stehe.

Nirgends hängen Tafeln oder Plakate, die auf das

Museum oder die Ausstellung hinweisen. Ein Selbstbedienungscafé mit frankoitalienischem Angebot füllt mit seinen Tischen das Foyer, diverse Modemarken schließen sich an. In der Haupthalle stelle ich fest, dass ich mich in eben der Mall befinde, die ich vorhin aus einem anderen Blickwinkel von der Straße aus gesehen habe. Neben den Rolltreppen sind Schilder mit Belegplänen für die verschiedenen Stockwerke montiert und dort steht in der dritten und vierten Etage zwischen weiteren Geschäften und einer Vielzahl von Restaurants für unterschiedliche internationale Spezialitäten: Suntory Museum of Art.

Ich schaue auf die Uhr – es ist Viertel vor elf –, fahre langsam zwischen von innen beleuchteten Mattglasverblendungen und hellem Edelholzfurnier an Schuhen, Seidentüchern, Parfümflakons vorbei in den dritten Stock. Einige Japanerinnen in modebewusster westlicher Kleidung mit pastellfarbenen Papiertüten kommen mir entgegen.

Vor dem Eingang des Museums steht ein unscheinbarer Aufsteller, ausschließlich Japanisch, mit der Schwarzweißabbildung einer berühmten Oribe-Henkelschale: eine stilisierte Blüte und etwas Blattwerk, von dunkelgrauen hochglänzenden Glasurtropfen überlaufen, die im Original tiefgrün sind.

Niemand wartet, geschweige denn, dass sich eine Schlange gebildet hätte, wie man sie sonst von einmaligen Ausstellungsereignissen kennt.

Natürlich weiß ich, dass das Interesse an der Teezeremonie, die bis Ende der 70er Jahre zur Standardausbildung von Mädchen aus bürgerlich-gebildeten Familien gehörte und etwa ebenso lange das mehr oder weniger einzige aushäusige Vergnügen für deren Mütter, Großmütter und Tanten darstellte, in den vergangenen Jahrzehnten dramatisch nachgelassen hat. Die Immobilienblase der 80er Jahre hatte denjenigen unter ihnen, die im Besitz kleiner Häuser und Grundstücke im Großraum Tokio gewesen waren, moderne Eigentumswohnungen und millionenschwere Konten beschert. Mit dem unerwarteten Reichtum trieben sie unter anderem auch die Preise für Teekeramiken in astronomische Höhen. Eine Chawan aus dem Ofen von Katō Tōkurō konnte bei Mitsukoshi leicht 200 000 $ kosten, für ein erstklassiges Stück aus der Momoyama-Zeit hätte man sich eine Villa am Wannsee kaufen können. Als die Blase 1990 platzte, brachen nicht nur die Preise für Immobilien und Teegerät ein, sondern das gesamte Wirtschaftsgefüge des Landes geriet in eine tiefgreifende Krise. Gleichzeitig wurde die erste Generation junger Frauen erwachsen, die nicht mehr selbstverständlich mit und in der Teezeremonie erzogen worden war. Eine japanische Bekannte, die, ehe sie mit ihrem deutschen Mann nach Berlin zog, über mehrere Jahre die Kulturprogramme für ausländische Besucher in einem großen japanischen Konzern organisiert hatte, erzählte mir, dass diese Frauen, wenn ihre Großmütter und Mütter starben, das Teegerät, das sich oft seit Jahrhunderten im Familienbesitz befunden hatte, in Kisten packten und dem nächstbesten Trödler oder Antiquitätenhändler brachten. Viele verlangten nicht einmal Geld dafür, sondern waren einfach froh, sich von der Last zu befreien, die ererbte Dinge einem auferlegen, und in ihren ohnehin viel zu kleinen Wohnungen endlich Platz für modernes Geschirr ohne Risse, Sprünge und kostbaren Altersschmodder zu haben.

Spätestens als ich vor rund zehn Jahren einem japanischen Künstlerpaar, beide Ende zwanzig, das komplexe Rauminstallationen aus keramischen Elementen machte, einige meiner Chawan zeigte und feststellte, dass sie weder eine Shino- von einer Hagi-Glasur unterscheiden, noch die kalligraphischen Deckelbeschriftungen auf den dazugehörigen Holzkisten lesen konnten, hätte mir klar sein müssen, dass auch in Japan die von westlichen Japan-Liebhabern so schön verklärte Vergangenheit endgültig vorbei war. Trotzdem wundere ich mich noch immer, wenn ich einen Japaner treffe, der sich nicht für Teekeramik interessiert.

Dem Museumseingang schräg gegenüber sitzt eine ältere Dame im Kimono auf einer der rechtwinkligen Massivholzbänke, bei denen man nicht weiß, ob Ikea japanisches Design oder der japanische Designer Ikea nachgeahmt hat. Der Knoten ihres Obis wölbt die Überjacke aus, als hätte sie einen Buckel. Ihre graumelierten Haare sind zu einer Art Bubikopf geschnitten, aus dem sich die Spitze einer rundgeföhnten Strähne herausschiebt und seitlich auf die Wange legt. Sie ist die erste Japanerin im Kimono, die ich hier sehe, wobei es mich wundert, dass die Überjacke in hellem Rosa gehalten ist und Sommerblütenzweige zeigt – vermutlich Hibiskus.

Sie sitzt vollkommen reglos da, hat den Blick starr auf die riesige Glasfassade der Eingangshalle gerichtet, obwohl dort draußen mehr oder weniger nichts passiert. Ihre Hände ruhen gefaltet auf einer prall gefüllten Designertasche.

Ich betrachte sie eine Weile aus angemessenem Abstand, frage mich, was sie wohl denkt, während sie hier in diesem westlichen Konsumtempel sitzt und vermutlich genau wie ich darauf wartet, dass die Ausstellung endlich öffnet. Im ersten Moment freue ich mich, dass sie – statt der ewig gleichen Westmode – einen Kimono trägt, im nächsten frage ich mich, ob der Kimono als Kleidungsstück in der hiesigen Wahrnehmung so selbstverständlich ist wie eine Galabeiyya in Ägypten, Kurta-Shalwar in Pakistan, oder ob er ein demonstratives Zeichen für eine traditionell konservative, womöglich sogar reaktionär nationalistische Gesinnung darstellt?

Zwei deutlich jüngere, seltsam verknöchert wirkende Damen, ebenfalls im Kimono, treten unter un-

ablässigen Verbeugungen und Entschuldigungen von der Seite an sie heran. Die ältere erhebt sich, nickt kurz, spricht auf eine ruhige, sehr bestimmte Art, während sich alle drei jetzt gemessenen Schritts zum Eingang bewegen. Vermutlich handelt es sich um eine Teemeisterin mit ihren Schülerinnen.

Ich warte noch einen Moment, schaue, wie sie bezahlen, ihre Eintrittskarten in Empfang nehmen, dann weiter hinten in einem Aufzug verschwinden. Erst jetzt gehe ich ebenfalls hinein.

Die junge Frau an der Kasse empfiehlt mir einen Audioguide mit englischen Erklärungen. Als ich dankend verneine, fragt sie noch einmal nach, vermutlich weil sie annimmt, dass ich sie nicht verstanden habe. Sicher geht sie davon aus, dass ich als Europäer ohne entsprechende Informationen im Ohr völlig ratlos vor den Keramiken stehen werde. Ich schüttele erneut den Kopf.

Zusammen mit dem Rückgeld überreicht sie mir eine Liste der ausgestellten Stücke und weist mit der Hand nach links auf den Aufzug, der ausschließlich zwischen den beiden Museumsetagen verkehrt.

Oben öffnet sich eine Schiebetür und dahinter verändert sich die Atmosphäre vollständig. Statt der freundlich unverbindlichen Holz-Glas-Architektur, die den Besucher in gediegen-heitere Konsumstimmung versetzen soll, betrete ich einen abgedunkelten Raum, der zur Decke hin in undurchdringlichem

Schwarz endet. Das einzige Licht stammt von den Strahlern, die ihre Kegel auf die Gefäße richten.

Die drei Kimono-Damen betrachten noch immer die erste Chawan in einer der vier freistehenden Einzelvitrinen, mit denen die Ausstellung beginnt. Die mutmaßliche Meisterin gibt den Jüngeren Erläuterungen, ausgehend von Anmerkungen, die sie offenbar zu Hause auf der japanischen Liste der Exponate notiert hat. Die beiden anderen reagieren mit gedämpften Lauten der Zustimmung, Bewunderung und des Erstaunens. Mehrmals höre ich das japanische »A'soo« und frage mich, ob es wohl deutschen Ursprungs ist. Vorsichtig, um sie auf keinen Fall zu stören oder gar den Eindruck zu erwecken, ich wollte mich vordrängen, trete ich näher und sehe jetzt, zwischen den dunklen Konturen zweier Kimonos, die berühmteste und vielleicht bedeutendste aller Shino-Teeschalen, eine von überhaupt nur zwei in Japan gefertigten Chawan, die in den Rang der Nationalschätze, »kokuhō«, erhoben worden sind: »Unohanagaki«. Der Name bedeutet »Maiblumenzaun« oder »Zaun mit Maiblumen«. Bei der Pflanze handelt es sich um »Deutzia gracilis«, die im Japanischen »Hasenblume« genannt wird. Die Schale schimmert weißlich mit einer Nuance von hellem Blau, an der Lippe schlägt das warme Rot der Eisenoxyduntermalung durch. Ringsherum laufen ebenfalls rötliche senkrechte und waagerechte Linien – die Streben des

Zauns –, über denen unterschiedlich dichte Weißglasur liegt, manchmal nur ganz dünn, an anderen Stellen dicke erstarrte Tropfen.

Irgendwo habe ich gelesen, dass im Namen »Unohanagaki« auch eine Assoziation an den schneebedeckten Fuji mitschwingt. Japanische Poesie lebt ja von ihrem Anspielungsreichtum, von unendlich verzweigten Verweisen und Bezügen, die in der Übersetzung fast immer verlorengehen.

Endlich haben die drei Damen ihre Betrachtung beendet und sind zur nächsten Vitrine weitergegangen.

Im Inneren der Aufbewahrungskiste der Unohanagaki findet sich ein Gedicht, das dem Daimyō und Teemeister Katagiri Sekishū (1605–1673) zugeschrieben wird:

»Die innerste Essenz
des Zauns aus Maiblumen
in einem Bergdorf:
Als beträte man eine Straße,
bedeckt von frischem Schnee«

Die Schale selbst soll um 1590 im Mutabora-Ofen in Ōgaya gebrannt worden sein. Ich kenne sie aus zahlreichen Bildbänden, in sehr unterschiedlichen Farbskalen gedruckt: mal zurückgenommen, matt, blässlich, dann wieder kräftig ausgeleuchtet, kontrastreich,

UNOHANAGAKI
aross: 11.8 cm
tall: 9.5 cm
origin: Japan
age: 16-17c
collection: Mitsui Memorial Museum

glänzend, fast bunt. Doch ganz gleich, welche Qualität die Abbildung hatte: Weshalb nun gerade diese Shino-Chawan alle anderen überragen sollte, hat sich mir nie erschlossen. Jetzt ist alles anders. Ich staune, wie unglaublich frisch, geradezu neu sie aussieht. Auf die Intensität der Farbe haben die vergangenen vierhundertdreißig Jahre jedenfalls keinerlei Auswirkung gehabt. Bislang, in den Bildbänden, habe ich lediglich zwei Seiten und die Untersicht gesehen – als gäbe es ein fest definiertes Vorne und Hinten und die Bereiche dazwischen wären lediglich Übergänge. Während ich langsam um sie herumgehe, merke ich, wie ihre Kontur sich unablässig verändert. Erschien sie gerade noch schlank und hochaufragend, geradezu elegant, ist sie im nächsten Moment sperrig und schwer, hier klar und entschieden, dann vage, verhangen, als träte sie aus einer Nebelbank. Der Nuancenreichtum in den weißglasierten Partien ist nicht nur unbeschreiblich, sondern auch mit keinem Abbildungsverfahren erfassbar, an manchen Stellen opak, wie eine geschlossene Schneedecke, an anderen transparent – fast flirrend wie die unzähligen kleinen Blüten der Deutzien. Dann wieder brechen die roten Untermalungen durch, an manchen Stellen stehen die Pfähle und Balken des Zauns da wie fest in den Boden gerammt, an anderen verschwinden sie beinahe unter halbtransparentem Weiß. Die unglasierten Stellen, als bräche der Erdboden durch: Abdrücke der Fingerkuppen dort, wo der Töpfer sie beim Aufbringen der Glasur festgehalten hat. Alles ist von unregelmäßigem Craquelé überzogen, dazu Brandrisse, in die über die Jahrhunderte der Tee eingedrungen ist, alte Sprünge, die sich von der Lippe die Seiten hinunterziehen. Vermutlich hat sie schon vor langer Zeit einer der Teemeister, der sie benutzen durfte, in einem kurzen Moment der Unaufmerksamkeit gegen den kupfernen Rand des Brauchwassergefäßes geschlagen. Wenn er nicht ihr Besitzer war, wird der Schaden ein hinreichender Grund für seinen Freitod durch Seppuku gewesen sein. Auf der Innenseite gleicht der geschlossene Riss einer verkrusteten Wunde. An einer anderen Stelle findet sich eine daumenkuppengroße Reparatur aus schwarzem Lack. Auch in der Mitte des Bodens verläuft eine schwarze Linie, die ich bislang auf keiner Abbildung gesehen habe. Offenbar ist die Schale undicht aus dem Ofen gekommen, doch die Kraft ihres Ausdrucks war so offensichtlich einzigartig, dass der Töpfer sie nicht aussortiert und zerschlagen hat, wie viele andere Stücke, die diesen oder jenen Fehler aufwiesen. Der Besitzer hat sie anschließend von einem Lackmeister reparieren lassen, so dass jetzt, wenn der Tee getrunken ist, zwischen den leuchtend grünen Schlieren eine dunkle Spur erscheint – wie geronnenes Blut. Ich frage mich, wie man einen Gegenstand herstellt, der keinerlei Regelmäßigkeit aufweist, sich nirgends wiederholt und der trotzdem so selbstverständlich und sicher geformt ist, dass es keinen Zweifel an seiner Richtigkeit gibt. Jede Linie nimmt einen anderen Verlauf, jede Ansicht ergibt ein anderes Bild, und doch wirkt nichts zufällig oder beliebig. Die gesamte Oberfläche ist gespannt, vibriert, flirrt, zugleich spürt man nirgends eine angestrengte Absicht, weder hochtrabenden Kunstwillen noch dessen Gegenteil. Da steht eine Teeschale, die das Bild eines Moments ist – verspäteter Schnee in den Bergen, während die weißen Blüten der Deutzien sich schon über die Zäune ergießen – und doch ist es nichts als eine Teeschale, wenn denn jemand wüsste, was eine Teeschale überhaupt sein soll: ein Gefäß für ein auf sehr eigenartige Weise zubereitetes Getränk aus den puderfein gemahlenen Blättern eines bestimmten, aus China stammenden Strauchs. Die Beschreibung sagt nichts über das, was es ist, und das, was es ist, hat nichts mit diesem Gefäß hier vor mir in der Vitrine zu tun. Ich gehe in die Hocke und stelle mich auf die Zehenspitzen, bin so nah an der Scheibe, dass sie von meinem Atem beschlägt, trete vor und zurück, sehe, wie dieser Körper, seine Gestalt, sich unablässig verändert, als wäre darin etwas wie Leben, eine eigengesetzliche Bewegung, unendlich langsam, aber doch ihrem eigenen Atem folgend. Es ist ein einmaliger Augenblick, darin vollkommenes Glück und der äußerste Schmerz.

V. Gründe, Zufälle und Vollkorn-Sushi

Nicht nur die Unohanagaki – außerordentlich viele der berühmtesten Teeschalen aus der Momoyama-Zeit weisen diese typischen Beschädigungen des oberen Rands auf.

Zwar ist überliefert, dass Furuta Oribe (1543/44–1615), bedeutender Kriegsherr und Nachfolger Sen no Rikyūs als führender Teemeister des Landes, eine der kostbaren koreanischen Ido-Schalen aus seinem Besitz absichtlich zerschlagen hat, dass er mit anderen Gefäßen und sogar Kalligraphien ähnlich rabiat verfahren ist, gleichwohl dürften die weitaus meisten Brüche nicht bewusst verursacht worden, sondern das Ergebnis von Unfällen gewesen sein. Dies ist umso erstaunlicher, wenn man die ungeheure Wertschätzung bedenkt, die den Stücken durchgehend entgegengebracht wurde, verbunden mit jahrzehntelanger Übung der Teezubereitung, bis sich traumwandlerische Sicherheit in jeder Geste einstellte. Einem Anfänger wäre eine Schale dieses Ranges kaum anvertraut worden.

Historische Dokumente belegen, dass viele seiner Zeitgenossen Oribes gewaltsame Eingriffe, mit denen er hochgeschätzte Kunstwerke seinen eigenen Vorstellungen und Bedürfnissen anpasste, als übersteigerte Exzentrik jenseits des Akzeptablen wahrgenommen haben. Die Quellenlage zu Furuta Oribe ist allerdings dünn, und ähnlich wie die Gestalt Sen no Rikyūs ist auch seine Persönlichkeit von zahlreichen Mythen und Legenden überlagert. Ob der nach ihm benannte, in seiner Zeit sicherlich als radikale Neuerung wahrgenommene Oribe-Stil tatsächlich auf konkrete gestalterische Anregungen seinerseits oder gar direkte Zusammenarbeit mit Keramikern insbesondere aus dem Töpferdorf Mino zurückgeht, lässt sich weder beweisen noch widerlegen. Die dezidiert asymmetrischen, teilweise grob deformierten Teeschalen, Wassergefäße, Vasen, die mit seinem Namen in Verbindung gebracht werden, stellen in jedem Fall eine beträchtliche Erweiterung, wenn nicht gar eine Abkehr von Rikyūs Ideal des bescheiden-einfachen, in jeder Hinsicht zurückgenommenen Teestils dar.

Oribe hat seine Schwerthiebe zur Zertrümmerung der Ido-Schale so präzise gesetzt, dass sie in vier beinahe gleich große Stücke auseinandergefallen ist. Wie viele Versuche er dafür benötigt hat, ist nicht überliefert, aber als von klein auf trainierter, kriegserfahrener Samurai beherrschte er sein Schwert sicherlich absolut souverän. Anschließend hat er die Scherben so wieder zusammenfügen lassen, dass die Lackreparatur ein schmales, durchgehendes Linienkreuz ergab.

Ob es bei diesem Eingriff tatsächlich nur um eine Größenanpassung der Schale ging, wie hier und da behauptet wird, dürfte sich kaum mehr herausfinden lassen. Es gibt allerdings Hinweise, dass Oribe Christ war oder zumindest mit dem Christentum sympathisierte, wie eine nicht unbedeutende Zahl japanischer Fürsten des späten 16. Jahrhunderts, insbesondere unter prominenten Anhängern des Teewegs. Vielleicht gefiel es ihm, während der Zeremonie oder nachdem er den letzten Schluck aus der Chawan geschlürft hatte, beim Blick in die leere Schale an das Leiden und Sterben Jesu erinnert zu werden. Vielleicht sah er auch eine Verbindung zwischen dessen Opfertod am Kreuz und Rikyūs erzwungenem Seppuku. Die Verbindung zu seinem Meister muss jedenfalls, allen späteren ästhetischen Neubestimmungen zum Trotz, außerordentlich tief gewesen sein. Oribe stattete Rikyū noch Besuche ab, als dieser bereits unter Hausarrest stand, und ging damit zweifellos ein hohes Risiko für seine eigene Stellung, wenn nicht sein Leben ein. Der Legende zufolge soll er in der Nacht, bevor Rikyū sich das Schwert in den Leib stieß, an einer geheimen Abschiedsteezeremonie in dessen Haus teilgenommen haben, was von Toyotomi Hideyoshi, der zu dieser Zeit den größten Teil des Landes kontrollierte, sicher als Hochverrat geahndet worden wäre.

Jedes Mal, wenn ich diese Chawan sehe, die sowohl unter dem Namen »Jūmonji« (Kreuz) als auch unter »Shumi« (Sumeru-Berg) bekannt ist, ihre leuchtend verlorenen Farbverläufe aus fahlen Grau-, Grün-,

Braun-Nuancen betrachte, die am Schalengrund und zum Fuß hin weißliche, von feinem Craquelé durchzogene Glasurpocken und -tropfenverläufe aufweisen, dazu das dunkle Rot der Kreuzform und den wie frisches Blut schimmernden Lack der großen Reparatur am Rand, fällt mir der geschundene Christus von Grünewalds Isenheimer Altar ein, den weder der koreanische Töpfer, noch Oribe selbst, noch der Lackmeister, der die Reparatur vorgenommen hat, je gesehen haben.

Aber wer weiß: Möglicherweise hat einer der Missionare des Jesuitenordens, die ab 1549 das Christentum in Japan zu einer kurzen Blüte führten, eine Kopie von Grünewalds Christus im Gepäck gehabt, die sich Oribe ins Gedächtnis gebrannt hat, als er im Gefolge Nobunagas oder Hideyoshis bei der portugiesischen Gesandtschaft über den Kauf von Luntenschlossgewehren verhandelte. Vielleicht löst der Ausdruck dieses bestimmten Farbklangs aber auch über alle Länder- und Epochengrenzen hinweg beim Betrachter ein ähnliches Gefühl abgrundtiefer Traurigkeit aus, hinter dem nichtsdestoweniger eine Ahnung von Trost aufscheint.

Die weitaus meisten Dinge, die auf dieser Welt vor sich gehen, verstehen wir nicht, geschweige denn, dass wir begreifen, wie vielfältig sie miteinander verwoben sind.

Mit Hilfe der Sprache, die nach wie vor unser Hauptmedium bei der Beschreibung, Deutung und Sichtbarmachung von Begründungszusammenhängen jedweder Art ist, lassen sich mehr oder weniger ausschließlich monokausale Herleitungen erfassen: Etwas ist auf diese Weise passiert, *weil* dies oder das dazu geführt hat. Wir tun etwas, *damit* daraus eine bestimmte Konsequenz folgt oder *um* ein bestimmtes Ergebnis zu erzielen. Auf diese Weise konstruieren wir lineare Abfolgen unmittelbar aufeinander bezogener Ereignisverläufe, die vor unserem geistigen Auge eine primitive, gleichwohl halbwegs schlüssige Ordnung für die Gegebenheiten und Prozesse innerhalb des Wirklichkeitsgefüges entstehen lassen. Meist sind wir zufrieden, wenn der Grund, der auf ein *»weil«* folgt, irgendwie plausibel klingt, gelegentlich fügen wir Nebenaspekte zur Ergänzung oder Modifizierung hinzu. Wenn sich keine hinreichenden Gründe isolieren lassen, gehen wir von »Umständen« oder »Zufällen« aus.

De facto steht in der unbeschriebenen Realität keine einzige Ursache für sich allein, und die Idee des »Zufalls« ist nur eine Begriffskrücke, mit der wir über unseren eklatanten Mangel an Übersicht hinwegstolpern. Noch hinter den simpelsten Kausalketten, die uns die Sprache suggeriert, befinden sich in tausend Richtungen ausgreifende Einflussgefüge, die hoffnungslos ineinander verknäult sind.

Nicht einmal die schweren Beschädigungen des Teeschalenrands, die die Unohanagaki im Lauf der letzten vierhundert Jahre davongetragen hat, lassen sich ausschließlich auf die aufgewendete Kraft zurückführen, mit der sie von mehreren, mutmaßlich unkonzentrierten Teemeistern beim Ausgießen des Spülwassers gegen den Rand eines kupfernen Kensui gestoßen wurde. Ebenso wichtig wie die Kraft selbst dürfte der Winkel gewesen sein, mit dem die Gefäßränder aufeinanderprallt sind, die innere Struktur des Scherbens, der vielleicht an genau dieser Stelle ein ungünstig gelegenes Quarzkörnchen aufwies und dadurch eine besonders empfindliche Innenspannung hatte. Die ungleichmäßige Dicke der Glasur könnte ebenso eine Rolle gespielt haben wie unsichtbare Haarrisse, die womöglich Jahrzehnte zuvor entstanden sind, als die Schale während eines Erdbebens in ihrer hölzernen Kiste aus dem Regal gefallen, äußerlich jedoch unversehrt geblieben ist. Ganz zu schweigen von der weit in die Vergangenheit zurückreichenden Verfassung des Teemeisters in genau diesem Augenblick. Während des Sekundenbruchteils, als Teeschale und Kensui so unglücklich aufeinandertrafen, kam letztlich alles zusammen, was sich in seinem Leben seit der Geburt und weit darüber hinaus angereichert hat, ohne dass irgendjemand in der Lage wäre, die verschiedenen Komponenten und ihren jeweiligen Anteil am Geschehen zu qualifizieren. Augenscheinliche Faktoren wären die Temperatur des Wassers in der Schale, die Hitzespeicherkapazität beziehungsweise -durchlässigkeit des Scherbens im Verhältnis zur Hitzeempfindlichkeit der Fingerspitzen des Teemeisters. Seine letzte Mahlzeit kann ihm Sodbrennen verursacht haben, seine Aufmerksamkeit durch leichtes Kribbeln in der Nase bis hin zu einem Niesen abgelenkt gewesen sein, so dass ihm die Chawan unversehens aus der Hand glitt. Konflikte, die er in den Stunden zuvor mit Ehefrau, Kurtisane, dem Sohn oder einem rüpelhaften Lastenträger auf der Straße hatte, können eine kurze Irritation hervorgerufen haben, dazu die Erscheinung der Gäste im Teeraum, ihr Körpergeruch, die Art und Weise, wie sie sich bewegt haben oder still waren, Ärger über eine einzelne Blüte in der Vase, die plötzlich abgeknickt ist, das Donnergrollen eines in der Ferne aufziehenden Gewitters. Frühkindliche Erfahrungen, familiäres Umfeld, religiöse Prägungen kommen ebenso hinzu, wie der – vielleicht genetisch bedingte – Hirnstoffwechsel des Teemeisters, Schwankungen der Hormonausschüttung, nicht zu vergessen die Wirkungen der zahllosen Elementarteilchen, die unablässig aus den Tiefen des Alls durch jeden von uns hindurchschießen und im Gehirn oder irgendeiner anderen Zelle auf der subatomaren Ebene vielleicht gerade in diesem Moment einen bestimmten Effekt im Zwischenbereich von Materiellem und Immateriellem gezeitigt haben.

Auch wissenschaftliche Forschung – darin dem Reduktionismus der Sprache durchaus vergleichbar – kann immer nur wenige Bausteine einer Konstellation untersuchen, die experimentell oder analytisch in überschaubare Wechselwirkungen miteinander gebracht werden, so dass deren Ergebnisse ebenfalls meist isoliert dastehen.

Die menschlichen Verhältnisse finden jedoch nicht unter Laborbedingungen statt. Falls sie zu Forschungszwecken nachinszeniert oder sozialwissenschaftlich abgefragt werden, dürfte sich nur in seltenen Fällen eine dem echten Ereignis vergleichbare Reaktion einstellen: Die innere Verfasstheit, in der jemand ist, wenn er einen statistischen Fragebogen für eine psychologische Studie zur individuellen Stressreaktion ausfüllt, unterscheidet sich fundamental von seinem Zustand, sobald er tatsächlich in Stress gerät, dementsprechend fragwürdig sind alle derartigen Erhebungen.

Womöglich ist dem Teemeister just in dem Moment, als er das heiße Wasser aus der Unohanagaki gegossen hat, zu Bewusstsein gekommen, dass er zum ersten Mal in über dreißig Jahren Praxis vergessen hat, das Mizusashi mit kaltem Wasser aufzufüllen, so dass er in wenigen Minuten wesentliche Teile der Zeremonie nicht würde durchführen können, und dann hat er, angesichts des Abgrunds an Peinlichkeit, der ihm bevorstand, kurz die Kontrolle über Geist und Hand verloren.

Ein traditioneller Japaner würde all dies ohnehin nur für Sekundärursachen zur Erfüllung des Dharma, des umfassenden Weltgesetzes, halten, in dem alles enthalten ist und das alles durchwirkt. Auf den Einzelnen bezogen, wäre es der Ausfluss des persönlichen Karmas, durch das sowohl die Gedanken und Taten früherer Inkarnationen als auch die der Vorfahren in die Gegenwart hineinwirken, nicht zu vergessen die unterschiedlichsten Kami – Götter und Geister aller Art –, die auf jede nur vorstellbare Weise ihre eigenen, völlig unberechenbaren Beiträge zum Weltspiel leisten.

Vermutlich wird er jedoch gar nicht erst darangehen, die Zusammenhänge mit dem geistigen Seziermesser in ihre einzelnen Bestandteile zu zerlegen, sondern eher versuchen, vermittels Anspielungen, Querverweisen, Subtexten die Gestimmtheit des Gesamtbilds wiederzugeben.

Nach allem, was ich über die Struktur des Japanischen gehört habe, ist es in seiner Sprache viel leichter möglich, die Dinge präzise im Unbestimmten zu belassen als im Rahmen unserer strengen Abhängigkeitsgrammatik, die selbst da noch Genauigkeit in der Zuordnung erzwingt, wo sie eigentlich sinnentstellend wirkt.

Fest steht, dass ich während der vergangenen zwanzig Jahre nichts gesehen habe, das meinen Blick auf Kunst derart nachhaltig verändert, so viele Fragen beantwortet und zugleich aufgeworfen, mich jenseits aller Erkenntnisse und Rätsel derart tief berührt hat wie diese rund zweihundert Keramiken aus der Momoyama-Zeit im Suntory-Museum.

Gleichwohl dürfte sich innerhalb der Strukturen westlicher Rationalität keine sinnhafte Verbindung zwischen meiner Japan-Reise und dieser Ausstellung finden lassen. Dass ich sie überhaupt besucht habe, verdankt sich einer E-Mail, die Alex mir spontan geschrieben hat, gefolgt von einigen verschwommenen Abwägungen meinerseits, die mich dazu gebracht haben, sie tatsächlich anzuschauen, statt zunächst die Museen aufzusuchen, die auf meiner Liste standen. Nichtsdestoweniger fügen sich die Ausstellung und ihre Auswirkungen auf meine Wahrnehmung, mein Denken, wenn ich die Gesamtheit dessen betrachte, was mein Leben ist, mit geradezu zwingender Notwendigkeit an genau dieser Stelle ein.

Als ich nach vier Stunden wieder auf den holzvertäfelten Verkaufsfluren der Edel-Mall mit ihren Hochglanzauslagen stehe und nicht recht weiß, wohin ich jetzt gehe, was ich überhaupt warum und wozu tun soll, taucht ein berühmtes Kōan aus dem *Hekiganroku*, der *Niederschrift von der smaragdenen Felswand*, in meinem Kopf auf, das alle diese Überlegungen so präzise auf den Punkt bringt, wie es nur ein Kōan kann:

Ein Mönch fragte Jōshū: »Zehntausend Dharmas gehen auf eins zurück. Worauf geht das Eine zurück?«

Jōshū sagte: »Als ich in der Provinz Sei weilte, machte ich mir einen Leinenrock. Er wog gut sieben Pfund.«[6]

Seit dem japanischen Frühstück mit gebratenem Lachs, sauer eingelegtem Gemüse, gedünstetem Rettich, Reis und Misosuppe, das Frau Okazaki mir im Ryokan serviert hat, habe ich lediglich zwei kleine Stücke westlichen Kuchen gegessen – zuerst eine Art Kürbiskäsesahne-, später Crêpes-Torte mit einer Buttercremefüllung zwischen den einzelnen Schichten.

Eigentlich war ich davon ausgegangen, in Tokio an jeder Ecke eine Teestube zu finden, in der ich einen perfekt zubereiteten Sencha oder Gyokuro trinken, dazu Mochi-Bällchen oder mit Azuki-Bohnenpaste gefüllte japanische Pancakes würde essen können. Doch in keinem der Viertel, in denen ich bislang unterwegs war, habe ich dergleichen gefunden. Stattdessen gibt es in nahezu jeder Straße Filialen verschiedener Coffee-Shop-Ketten, die das *Starbucks*-Konzept nachahmen. Immerhin haben die meisten von ihnen einen Raucherbereich. Zuerst bin ich im *Caffe Veloce*, später im *Pronto* gewesen. Da das Teeangebot dort

---

6 zitiert nach Wolfgang Walter (Hg.), *Die große Kōan-Sammlung I: Gemischte Kōan, Mumonkan, Hekigan-roku*, Frankfurt 2001

westlichen Standards angepasst, also extrem dürftig ist, habe ich mir zum Kuchen Espresso bestellt.

Inzwischen ist es halb sieben, mein Hunger wird allmählich bohrend, und ich bin fest entschlossen, in eine klassische, weder zu exklusive noch auf Massenabfertigung ausgerichtete Sushi-Bar zu gehen.

Neben den leicht neurotischen Schwierigkeiten, die ich überall auf der Welt habe, wenn ich mich für ein bestimmtes Restaurant entscheiden soll, stelle ich fest, dass es in Tokio längst nicht so viele Sushi-Bars gibt, wie ich gedacht hatte. Abgesehen davon fehlen mir die Kriterien, um anhand des äußeren Eindrucks einzuschätzen, ob es sich um ein ordentliches, ein herausragendes oder doch eher um ein mäßiges Lokal handelt. Ich schaue auf Karten und Aufsteller, wobei die Preise meist das Einzige sind, was ich lesen kann. Welche Gerichte es dort für tausend oder fünftausend Yen gäbe, weiß ich nicht. In die wenigsten Läden kann man vom Bürgersteig aus direkt hineinschauen, so dass die Einrichtung oder Zahl und Stil der Gäste als Anhaltspunkte wegfallen, und die hochartifiziellen Modelle der Speisen aus buntem Plastik, die in vielen Auslagen arrangiert sind, wirken in ihrer giftigen Künstlichkeit eher skurril als verlockend.

In den Straßen und Gassen von Ningyōchō und Nihonbashi reiht sich ein Lokal an das nächste, darunter unzählige Sake-Kneipen, die jeweils auch eine kleine Auswahl Speisen anbieten. In den Hauptstra-

ßen finden sich außerdem Schnellimbisse für Tenpura oder diverse Nudelsuppenspezialitäten. Überhaupt habe ich angesichts der ungeheuren Fülle von Restaurants, Bistros und Cafés den Eindruck, dass die eine Hälfte der Japaner damit beschäftigt ist, für die andere zu kochen. Doch eine einfache Sushi-Bar, wie ich sie aus Filmen kenne, mit einem erfahrenen Meister hinter der Theke, dem man, während man wartet oder isst, bei seiner ebenso konzentrierten wie lässigen Arbeit zusehen kann, finde ich nicht – beziehungsweise ich weiß einfach nicht, hinter welcher Tür er sich verbirgt, und einfach irgendwo hineinzumarschieren, den Koch anzustarren und – falls er mir nicht vertrauenswürdig erscheint – gleich wieder zu verschwinden, käme mir doch grob unhöflich vor.

Nachdem ich eine Stunde umhergestreift bin, gehe ich zurück zu einer unscheinbaren, womöglich sogar etwas schäbigen Sushi-Bar, vor der ich bereits zweimal gestanden habe.

Sie liegt an der Kreuzung von Kinza dori und Suitengu dori, einem der Zugänge zur Metrostation Ningyōchō schräg gegenüber. Das schmale, zweistöckige Haus mit seiner modernistischen Muschelkalkverblendung, den mattsilbernen Fenster- und Türrahmen könnte ebenso gut in den Wirtschaftswundervierteln von Köln oder Düsseldorf stehen. Ein vergilbtes Plakat in der Scheibe zeigt bunte Nigiri-Häppchen: von weißen Fettschichten durchzogener Thunfischbauch, Makrele mit eingeschnittener Haut, Lachsrogen in einem Nori-Türmchen, hellgelbes Tamago. Rechts und links davon kleben handgeschriebene Zettel.

Vor der Tür, auf einem hölzernen Aufsteller, sind Teile der Karte mit Fotos der angerichteten Teller zu sehen, dazu eine Kreidetafel, vermutlich mit den Tagesgerichten, wiederum ausschließlich in japanischer Schrift. Die Preise bewegen sich zwischen fünfhundert und dreitausend Yen – umgerechnet gut vier bis Mitte zwanzig Euro.

War ich auf dem Weg noch fest entschlossen, diesmal hineinzugehen, zögere ich die Entscheidung jetzt doch wieder hinaus, wäge sinnlos Für und Wider ab, obwohl mir klar ist, dass keiner meiner Zweifel ausgeräumt sein wird, ehe ich das Essen nicht probiert habe. Schließlich reiße ich mich zusammen, trete ein und bereue die Entscheidung sofort. Einen Augenblick später denke ich, dass es vielleicht doch genau die Art Lokal ist, die ich gesucht habe: etwas wie der Laden aus dem wunderbaren Film *Tampopo – Magische Nudeln* – nur eben für Sushi.

Der Raum ist weder hell noch dunkel, weder gemütlich noch neonkühl, ungefähr zehn Meter lang, höchstens vier Meter breit und ringsum mit hellem Lehm verputzt wie eine Teehütte. Etwa in der Mitte verläuft eine Theke mit einem guten Dutzend Plätzen, deren Schmalseite wenige Schritte hinter dem

Eingangsbereich beginnt. Der längere Teil endet an der Rückwand, wo links ein schwarz verhängter Durchgang in die Spülküche führt.

Etwa in der Mitte der Längsseite sitzen zwei ältere Männer vor billigen, zahnputzbechergroßen Wassergläsern. Die Gläser stehen in tiefen Untersetzern aus blau-weißem Porzellan. Auf zwei leeren Tellerchen daneben liegen ihre Stäbchen. Der vordere von beiden trägt einen kantig grauen Bürstenschnitt, der hintere hat sich die überlangen Seitenhaare unter Zuhilfenahme einer starken Pomade quer über den Kopf gekämmt, um die Glatze zu verdecken.

Am kurzen Stück der Theke, links vor der Wand, schaut ein weiterer älterer Herr auf sein Smartphone.

Der Wirt beziehungsweise Meister nickt mir zu und deutet auf die freien Plätze, ehe er sich wieder einem Computerbildschirm auf der Anrichte zuwendet, der lautlos eine Sportübertragung zeigt. Ich schätze ihn auf Anfang fünfzig. Sein Kopf ist kahl rasiert, er trägt eine weiße japanische Arbeitsjacke und hat einen leicht ironischen Zug um den Mund. Wenn er mir als Zen-Mönch in einem Kloster begegnet wäre, hätte ich keinen Moment an seiner Erleuchtung gezweifelt.

Ich setze mich auf den zweiten Platz der Längsseite, so dass zu den anderen Gästen jeweils drei Stühle Abstand bleiben.

Niemand beachtet mich. Abgesehen davon, dass

man auch in Deutschland, wenn man zum ersten Mal ein Restaurant in einer fremden Stadt betritt, nicht gleich in die allgemeine Unterhaltung einbezogen wird, haben mir meine Japan-Experten übereinstimmend gesagt, dass es geradezu unmöglich sei, ohne offizielle Vorstellung mit einem normalen Japaner ins Gespräch zu kommen. Eine Bekannte, die drei Monate in Kyoto verbracht hat, erzählte mir, dass sie während dieser Zeit mit keinem einzigen Einheimischen ein persönliches Wort gewechselt habe, obwohl sie nahezu jeden Tag in der Stadt unterwegs gewesen sei.

Die beiden Männer rechts werfen hin und wieder kurze Bemerkungen hin. Manchmal ruckt einer mit dem gesamten Oberkörper vor oder knurrt einen knappen Bestätigungslaut.

So, wie sie da sitzen, würde ich sie für Schreiner oder Elektriker halten und frage mich im nächsten Moment, wie ich zu dieser Einschätzung komme, da ich weder den Stil der Feierabendkleidung japanischer Handwerker kenne, noch den von Bankdirektoren oder Finanzbeamten.

Der Meister wendet sich wieder seiner Arbeitsfläche zu, reibt sich eher rituell als hygieneorientiert die Hände mit einem Frotteelappen ab und drückt mir wortlos einen bräunlichen Plastikordner mit der Speisekarte in die Hand. Dann hebt er ein glasiges Fischfilet aus der flachen Kühlvitrine, in der vielleicht zwanzig verschiedene Zutaten liegen. Mit seinem langen, schmalen Messer schneidet er einige Scheibchen ab, richtet zwei nahezu identische Sashimi-Portionen auf einem Bett aus hauchdünnen Kohlstreifen an, platziert einen Knubbel Wasabi, etwas eingelegten Ingwer daneben, reicht die beiden Teller über die Theke und nimmt im Gegenzug die leeren entgegen. Anschließend zieht er eine riesige Sake-Flasche aus den Schränken unter der Arbeitsfläche, um den beiden Handwerkern nachzuschenken. Er schüttet und schüttet und schüttet, bis die klare Flüssigkeit über den Glasrand schwappt und den Unterteller füllt. Unwillkürlich und deutlich hörbar sauge ich Luft durch die Zähne, doch offensichtlich handelt es sich nicht um ein Versehen, denn beim zweiten Glas verfährt der Meister ebenso. Beide Männer lachen nicht etwa, wie Japaner oft lachen, um einem Missgeschick die Peinlichkeit zu nehmen, sondern nicken zufrieden, ehe der eine sein tropfendes Glas vorsichtig an den Mund führt, der andere sich hinunterbeugt und den oberen Zentimeter Flüssigkeit abschlürft.

Der Herr in der Ecke telefoniert und schaut kritisch auf seine Armbanduhr.

Die Karte ist ausschließlich Japanisch. Auf meine Frage nach einem »English menu« schüttelt der Meister achselzuckend den Kopf.

Zum Glück sind die meisten Gerichte auf Fotos zu sehen, die Preise in arabischen Zahlen. Lediglich

bei einigen Auflistungen – vielleicht die einzelnen Fischsorten für Sashimi, Nigiri, Maki oder verschiedene Suppenvarianten – fehlen die Bilder.

Ich habe riesigen Hunger, doch auch die größte Sushi-Platte enthält lediglich zehn Häppchen, zwei mit magerem Thunfisch, eins mit fettem Bauch, je eins mit Makrele, Lachs, Tintenfisch, roher Babygarnele, dazu ein Lachskaviartürmchen und zwei Scheiben Tamago ohne Reis. Sie kostet dreitausend Yen, gut fünfundzwanzig Euro, was vor fünfzehn Jahren etwa dem Preis in einem japanischen Restaurant in Deutschland entsprochen hätte, ehe der Sushi-Markt von vietnamesischen Billiganbietern übernommen wurde.

Ich deute auf das Foto, der Meister nickt, sagt etwas. Es klingt, als hätte er einfach den Namen des Arrangements zur Bestätigung wiederholt. Ich füge »… and one Miso-Soup, please« hinzu. Er stellt eine Frage, ich mache ein ratloses Gesicht.

»Drink?«

»Sencha, please.«

Bevor er sich der Zubereitung meines Essens zuwendet, schaut er erneut eine Weile auf den Bildschirm, wo ein Baseballspiel übertragen wird. Ich kann die Namen der Teams nicht lesen, aber es sieht so aus, als ob es sich um japanische Mannschaften handelt. Baseball ist in Japan sehr beliebt. Ich erinnere mich an Takeshi Kitanos Film *Boiling point*, der mit Baseball beginnt und endet, an diverse Baseballstadien, die ich auf der Fahrt vom Flughafen in die Stadt gesehen habe. Es dauerte eine Weile, ehe ich die sonderbare Form und die unglaublich hohen Netze rund um die Spielfelder der richtigen Sportart zuordnen konnte.

Der Meister wischt erneut Messer und Hände mit dem Spültuch ab.

Ich versuche, seine Gesten zu lesen, die Art, wie er die verschiedenen Filets in die Hand nimmt, festhält, die Klinge führt, wie er die Reisbällchen formt, den Fischstreifen andrückt, die Nigiri auf den Teller setzt, frage mich, wo die Grenzen zwischen Souveränität und Nachlässigkeit, Konzentration und Routine verlaufen, ob es ein gutes oder ein schlechtes Zeichen ist, dass er zwischendurch kurze Blicke auf den Fortgang des Spiels wirft.

Wenn er ein großer Meister wäre, denke ich, müsste sein Laden um diese Zeit voll sein. Andererseits: Auf einer höheren Stufe inneren Wissens wird ihm alles, was er tut, mit dem, was um ihn herum geschieht, zu einer einzigen Wirklichkeit verschmelzen, in der die Unterschiede zwischen wichtig und unwichtig, Handeln und Nicht-Handeln, Erfolg und Misserfolg aufgehoben sind. Vielleicht hat er im Umgang mit seinen Gästen aber auch diese selbstbewusste Knurrigkeit, die manchen älteren Meistern eigen ist, so dass die zahlungskräftigen Gourmets sich nicht hinreichend wertgeschätzt fühlen.

Er verschwindet kurz in der Spülküche und kommt mit einer Schale Suppe zurück. Es ist keine normale Miso-Suppe, mit Tofu, Algen, Frühlingszwiebeln als Einlage, sondern in der Brühe schwimmen zahlreiche Muscheln, die wie winzige Vongole aussehen.

Meine Sushi-Portion hat er in einer unregelmäßig geformten, ovalen Steingutschale angerichtet. Der Boden ist mit einer grellen, türkisfarbenen Glasur bedeckt, die nach synthetischen Substanzen aussieht, allerdings die Farben der Fischstücke, insbesondere die Rotabstufungen des Thunfischs gut zur Geltung bringt.

Der Reis unter den Fischscheiben sieht ungewöhnlich aus. Er schimmert nicht glänzend weiß, sondern seltsam matt und ist von zahllosen hellbraunen Fitzelchen durchsetzt, als wäre er nur teilweise geschält. Dergleichen habe ich noch nie in einem japanischen Restaurant serviert bekommen. Vermutlich runzele ich die Stirn, denn den Fotos in der Karte war nicht zu entnehmen, dass hier Vollkornreis verwendet wird, den ich eigentlich nicht mag.

Ich gieße etwas Sojasauce in ein flaches Tellerchen, nehme ein Paar Stäbchen aus einem rechteckigen, mit rot-weiß kariertem Stoff ausgelegten Flechtkorb, tauche ein Thunfisch-Nigiri in die Sojasoße und schiebe es in den Mund. Auch die Konsistenz ist ungewohnt, die Form der einzelnen Körner bleibt deutlich spürbar, bietet beim Kauen einen leichten, punktuellen Widerstand.

Der Meister schaut ohne erkennbare Regung dem Fortgang des Baseballspiels zu. Weder beobachtet er aus den Augenwinkeln, wie ich als Ausländer mit den Stäbchen zurechtkomme, noch ob mein Gesichtsausdruck nach dem ersten Bissen selig, zufrieden, nachdenklich oder enttäuscht ist.

Ich bin unentschlossen, was ich von dem Reis halten soll, aber der Fisch ist vorzüglich. Auch die Muschelsuppe schmeckt sehr gut.

Vielleicht ist das Restaurant so leer, weil der Meister diesen sonderbaren Reis verwendet. Möglicherweise hat er sich intensiv mit der Geschichte des Reisanbaus und seiner Verarbeitung beschäftigt und folgt der Lehre irgendeines Ernährungswissenschaftlers oder -gurus, der zu der Überzeugung gelangt ist, dass auch original japanischer Reis einen Großteil seiner Nährstoffe verliert, wenn man ihn schält und poliert. Vielleicht stammt er aber auch aus einer Gegend, in der von alters her eine andere Tradition der Reisverarbeitung üblich ist, und wenn ich Japanisch hätte lesen können, wäre mir von vorneherein klar gewesen, dass ich hier eine seltene regionale Spezialität serviert bekomme.

Die beiden Sake-Trinker bezahlen und verlassen das Lokal. Ich schaue ihnen nach, dann kreuzt mein Blick den des verbliebenen Gastes in der Ecke. Wider Erwarten nickt er mir zu, lächelt, reckt den Daumen in die Höhe und fragt etwas. Ich nehme an, dass er wissen will, ob es mir schmeckt, und sage eines der fünf japanischen Wörter, die ich kenne, »Oishi« – was so viel wie »lecker« heißt, hebe ebenfalls lachend den Daumen. Er redet unbeirrt weiter, bis ich hilflos die Schultern hebe: »Sorry, I don't speak any Japanese.«

Der Meister wirft, ohne von seinem Bildschirm aufzuschauen, eine Bemerkung hin, die sich ebenfalls auf mich bezieht.

Auch wenn die Sushi-Portion nicht groß war: Zusammen mit der Suppe erzeugt sie ein angenehmes Sättigungsgefühl. Während ich überlege, trotzdem noch etwas zu bestellen, öffnet sich die Tür und eine sehr schöne Frau, vielleicht Anfang dreißig, mit langen, leicht gewellten Haaren, in einem beigefarbenen flatternden Hosenanzug kommt herein. Sie bleibt zunächst im Eingangsbereich stehen, baut sich auf, als wäre sie scherzhaft über etwas empört, und beginnt zu reden. Ihre Stimme bewegt sich schnell und mit ungewöhnlich vielen Hebungen und Senkungen. Mal klingt es, als würde sie relevante Sachinformation weitergeben, im nächsten Augenblick scheint sie sich über die beiden Männer lustig zu machen, dabei dreht sie sich unablässig auf dem Absatz hin und her.

Zwar verstehe ich kein Wort, aber es ist offensichtlich, dass sie zu beiden Männern ein locker vertrautes Verhältnis hat. Plötzlich fällt ihr auf, dass hier noch jemand ist, ein Fremder, den sie nicht kennt. Sie sagt »Hello – how are you?«, während sie sich auf den

Platz in der Mitte zwischen dem älteren Herrn und mir setzt, so dass jeweils ein Stuhl in seine und einer in meine Richtung frei bleibt.

»Thank you, I'm fine.«

»They have very good Sushi here«, sagt sie und beginnt, dem älteren Herrn eine längere Geschichte zu erzählen, gestikuliert, unterbricht sich, holt ihr Telefon aus einem großen ockerfarbenem Handtaschensack und zeigt ihm etwas auf dem Display. Zwischendurch bezieht sie auch immer wieder den Meister mit ein, der ihr nach einer Weile die Karte über die Theke reichen will, doch sie winkt ab, sagt irgendetwas, ich meine, das Wort »Sashimi« herauszuhören.

Während ich überlege, mir noch einmal die Karte geben zu lassen, dreht sie sich zu mir, lacht und sagt: »Where are you from?«

»Germany.«

»Ohhh, Germany! - Which city?«

»Berlin.«

Sie hat schon viel über Berlin gehört, eine Freundin von ihr war vor zwei Jahren dort, es muss eine sehr aufregende Stadt sein, die sie unbedingt bald besuchen will.

Ich stimme halb zu, bestärke sie aber darin, sich auf jeden Fall selbst ein Bild zu machen.

Weshalb ich in Tokio bin, fragt sie, ob ich beruflich hier zu tun habe und wie lange ich bleibe?

Ich bin überrascht von ihrer Direktheit, erzähle ihr

von der Keiō-Universität, dass ich Bücher schreibe, mich seit vielen Jahren mit der japanischen Kultur beschäftige. Zwischendurch übersetzt sie den beiden Männern, was ich sage. Sie hören aufmerksam zu, nicken immer wieder mit dem Kopf, brummen zustimmend.

Was mich an der japanischen Kultur besonders interessiert, will sie wissen.

Ich spreche über meine Begeisterung für Keramik und Teezeremonie, merke, dass ihr weder das eine noch das andere sonderlich viel bedeutet, frage trotzdem, ob sie die sensationelle Ausstellung im Suntory-Museum gesehen hat?

Sie schüttelt den Kopf, entschuldigt sich, bedauert sehr, dass sie wegen der vielen Arbeit noch nicht dazu gekommen ist. Gleichwohl möchte sie etwas über den Blick eines Europäers auf diese Dinge erfahren. Weil das Gespräch durch die Übersetzung mühsam wird, vielleicht auch, weil sie der Meinung ist, den beiden anderen fürs Erste die wichtigsten Informationen über mich weitergegeben zu haben, wendet sie sich nun ausschließlich mir zu.

»He is my boss«, sagt sie halblaut.

Wenn ich es richtig verstehe, hat der ältere Herr in der Ecke eine kleine Firma für Marketing, Werbung, und sie ist seine wichtigste, vielleicht auch die einzige Angestellte. Wie es sich gehört, geht sie nach Feierabend oft mit ihm ins Restaurant, um den Arbeitstag gebührend ausklingen zu lassen, meist in diese Sushi-Bar.

Ich meine herauszuhören, dass sie auf dieses Freizeitvergnügen eigentlich verzichten könnte, auch wenn er im Prinzip ein netter Chef ist und sie gern bei ihm arbeitet.

Nach einer Weile schaltet er sich doch wieder ein und lässt sie fragen, was mein Eindruck von Japan ist?

»A wonderful country«, sage ich. »So well organized and the people are very friendly and of course I love the Japanese food.«

Er nickt zufrieden. Allerdings scheint er der Meinung zu sein, dass seine Mitarbeiterin jetzt genug mit mir geredet hat, vielleicht ist es auch vorauseilender Gehorsam ihrerseits, jedenfalls entschuldigt sie sich: »Sorry, I need to talk to my boss«, und rückt mit ihrem Stuhl näher in seine Richtung.

Eine Zeitlang konzentriert sie sich auf das Gespräch mit ihm, schaut allerdings immer wieder in meine Richtung, lächelt entschuldigend, und als der Chef eine längere Diskussion mit dem Meister über den Stand des Baseballspiels beginnt, wendet sie sich abermals mir zu: »What kind of books do you write?«

Ich sage, dass es darin oft um verschiedene Kulturen, ihre Unterschiede und Gemeinsamkeiten geht. Eine Geschichte handele zum Beispiel davon, wie ein alter japanischer Meister einen traditionellen Keramikbrennofen an der deutschen Ostsee baut.

»That's interesting.«

Weil sie offensichtlich keinerlei Vorstellung davon hat, was ich meine, zeige ich ihr Fotos des Ofens von Jan Kollwitz in Cismar und von einigen seiner Gefäße, anschließend einige alte Shino- und Oribe-Stücke auf meinem Telefon. Sie stößt einen langgezogenen Laut ratlosen Staunens aus. Offenkundig sind ihr alle diese Dinge so fremd wie einer deutschen Büroangestellten Mitte dreißig rheinisches Steinzeug des Mittelalters wäre.

»Many German people are very much interested in traditional Japanese culture«, füge ich hinzu, um nicht wie ein Freak dazustehen.

»So what's your name, I want to read your books.«

Mir fällt ein, dass es in Japan üblich ist, Visitenkarten zu tauschen. Ich krame in meinem Portemonnaie, halte ihr schließlich – wie es sich gehört mit beiden Händen – mein Kärtchen hin. Gleichzeitig überlege ich, ob das Ritual der Visitenkartenübergabe auch privat, zum Beispiel zwischen einem Mann und einer Frau praktiziert wird, die sich zufällig in einem Restaurant begegnen.

Sie entschuldigt sich, weil sie ihre Karten vergessen hat. Vielleicht ist es auch ein vorgeschobener Grund, damit ich mich nicht zu weiteren Schritten ermutigt fühle. Möglicherweise war es doch unangemessen, ihr gleich meine Karte aufzudrängen. Dass ich verheiratet bin, habe ich ihr nicht erzählt, obwohl

2.480円
GUINNE

ich kurz darüber nachgedacht habe, schon um Missverständnissen vorzubeugen. Aber einfach so, ohne jeden Zusammenhang »übrigens bin ich verheiratet« einzuwerfen, hätte ausgesehen, als würde ich ihr meinerseits irgendwelche Absichten unterstellen.

Der Boss räuspert sich vernehmbar, knurrt ihr etwas zu. Sie lacht, entschuldigt sich erst bei ihm, dann bei mir, dass sie sich nun leider tatsächlich mit ihm unterhalten muss, weil sie noch Dienstliches zu besprechen haben. Ihr Lächeln wirkt gequält, und ich bin sicher, dass in ihrem Blick ernsthaftes Bedauern liegt.

»Of course, no problem«, sage ich und nicke dem Chef zu, der kurz die Hand hebt.

Ich bleibe noch eine Weile sitzen, weniger weil ich hoffe, dass sie sich ein weiteres Mal von ihm losreißen kann, sondern hauptsächlich, damit es nicht aussieht, als würde ich enttäuscht oder verärgert das Lokal verlassen.

Als der Meister ihr eine Portion Sashimi über die Theke reicht, bestelle ich die Rechnung. Im Gehen verabschiede ich mich, »It was a pleasure to meet you«, obwohl sie jetzt ganz in ihr Gespräch vertieft ist und mir den Rücken zuwendet. Sie dreht sich um und wirkt erschrocken. Vielleicht ist ihr Boss ernsthaft verärgert und hat ihr deutlich zu verstehen gegeben, wie respektlos er ihr Verhalten fand. Vielleicht wird ihr in diesem Moment klar, dass wir uns verpasst haben. Kurz denke ich darüber nach, wie ich mich verhalten würde, sollte sie sich tatsächlich morgen oder übermorgen bei mir melden. Mit fünf oder sechs Jahren habe ich in einer Samstagabendshow eine japanische Cellistin gesehen und war so hingerissen, dass ich anschließend unbedingt eine Japanerin heiraten wollte.

Draußen ist es inzwischen dunkel.

VI. »Sumimasen«

Irgendetwas ist anders auf oder in Tokios Straßen, grundsätzlich anders, nicht nur ein bisschen. Anfangs habe ich mich kaum darüber gewundert, denn ich war ja neu hier, überhaupt zum ersten Mal im wirklichen Japan. Die Erwartung, dass es sich von Deutschland, aber auch von allen anderen Ländern, in denen ich bislang gewesen bin, fundamental unterscheiden würde, erfüllte sich gleichsam ordnungsgemäß, so dass mir die Andersartigkeit nur natürlich schien.

Doch dann hat sich innerhalb weniger Tage ein völlig neues Großstadtgefühl eingestellt. Obwohl noch gelegentlich Reste kindisch-kindlicher Furcht vor dem undurchdringlichen Moloch Tokio, in dem man leicht auf Nimmerwiedersehen verlorengehen kann, aus meinem Unterbewusstsein wispern, bin ich in einem ebenso angenehmen wie irritierenden Zustand der Tiefenentspannung, sobald ich das Ryokan verlasse. Ich mache mich vollkommen sorglos auf den Weg, unabhängig davon, welches Ziel ich ins Auge gefasst habe, ob ich zwei- oder dreimal umsteigen, gar den Bahnhof wechseln muss oder in weit abgelegene Viertel fahre, über die sich nirgends Vorinformationen finden.

Für gewöhnlich nehme ich die innere Verfasstheit, mit der ich den Schutzraum meiner Wohnung oder die Sicherheit eines Hotelzimmers verlasse, nur wahr, wenn ich mich in ein von Reiseführern oder Ortskundigen als schwerkriminell oder anderweitig hochriskant eingestuftes Gebiet begebe. Dennoch aktiviere ich in Groß- und Megastädten unbewusst eine Art inneres Schutzschild, sobald ich in den öffentlichen Raum hinaustrete.

Draußen wird es laut sein, hektisch, vielleicht verwirrend. Zahllose unbekannte Artgenossen mit ihren Eigenarten werden meinen Weg kreuzen, darunter womöglich Exemplare, die mich in potenziell unangenehme Begegnungen zwingen, weil ihnen irgendetwas in ihrem Leben oder an mir missfällt, weil sie notorisch aggressiv oder schlicht verrückt sind. Es kann zu absichtlichen oder unbedachten Berührungen kommen, zu Übergriffen, Diebstahl, Gewalt, weshalb mein Organismus jedes Mal eine gewisse Menge besserer und schlechterer Stresshormone ausschüttet.

Womöglich hängt es auch einfach damit zusammen, dass – unabhängig von Konfliktsituationen im eigentlichen Sinne – die Menschen- und Verkehrsdichte in Großstädten hoch, vielleicht zu hoch für die Verarbeitungskapazitäten des menschlichen Gehirns beziehungsweise Geistes ist. Dazu kommt ein immenses Durcheinander an Informationen, Zeichen und Signalen, die für das, was ich vorhabe, von Bedeutung sein können oder auch nicht. Alles schreit nach Aufmerksamkeit: Ich muss auf Fahrzeuge verschiedenster Art achten, auf Verkehrsschilder, Ampeln, Wegweiser, Absperrungen, soll essen und trinken, spielen, mich informieren, gedenken, beten und vor allem: kaufen. Neben den schrillen, bunten, blinkenden, flimmernden Aufmerksamkeitsfallen umwabert mich ein akustisches Durcheinander aus Motoren und Musik, Presslufthämmern und Gesprächsfetzen, dazu wilde Geruchsmischungen, Abgase und Parfüm, Schweiß, Frittierfett, Müll. Alle Sinnesorgane sind in jedem Augenblick gleichzeitig mit Interessantem, Schönem, Staunenswertem wie mit Langweiligem, Hässlichem, Erschreckendem konfrontiert, so dass sich meine Wahrnehmung in einem permanentem Erregungs- und Verarbeitungszustand befindet. Da ich seit Jahrzehnten daran gewöhnt bin, fällt mir die latente Alarmbereitschaft, die damit einhergeht, meist gar nicht auf. Eine gewisse Überreizung ist der Normalzustand des Großstadtbewohners. Sie kann, sobald ich wieder für mich bin, in Erschöpfung umschlagen oder auch in überdrehte Begeisterung. Wie ich in meinen Privatbereich zurückkehre, hängt sowohl von meiner jeweiligen Tagesverfassung als auch vom Charakter der Stadt ab: Während mich eine Stunde in der Berliner U-Bahn oft vollkommen entnervt, verwandelt sich die Überwältigung in den überbordenden Metropolen islamischer Länder nicht selten in tiefe Stille.

OKONOMIYAKI
HOTEL GRACERY
KABUKI
GODZILLA ROAD
Booth

Der erste fundamentale Unterschied zwischen Tokio und dem Rest der mir bekannten Welt, der aus dem diffus Atmosphärischen ins reflektierende Bewusstsein dringt, ist der eklatant niedrige Geräuschpegel. Die Irritation über die Stille, als ich am ersten Morgen vor dem Ryokan aus dem Taxi gestiegen bin, hat sich mittlerweile in Dutzenden anderen Situationen an unterschiedlichsten Orten wiederholt, jeweils verbunden mit der staunenden Frage: Wie kann die größte Stadt der Welt derart leise sein? Wenn ich das Klangbild in seine Einzelteile zerlege, komme ich zu dem Schluss, dass die Basis der Ruhe in Tokio das weitgehende Fehlen des urbanen Hintergrundrauschens in Form des andernorts allgegenwärtigen Verkehrslärms ist. Schon das Fahrzeugaufkommen ist deutlich geringer als in allen anderen Städten vergleichbarer Größe, die ich bislang besucht habe. Hinzu kommt, dass hier bereits achtzig bis neunzig Prozent der Autos mit Elektromotoren ausgestattet sind. Bislang sind mir auch kaum Hupen aufgefallen, die Zahl der Martinshörner seit meiner Landung kann ich an einer Hand abzählen. Quietschende Reifen fehlen ebenso wie das Aufheulen der Motoren, wenn eine Ampel auf Grün springt und jemand meint, seinen Wagen für ein kurzes Stück auf Höchstgeschwindigkeit beschleunigen zu müssen.

Obwohl Japan gern als Land mit ungebrochenem männlichem Chauvinismus beschrieben wird, scheinen die japanischen Männer weitestgehend auf das Auto als Fortsetzung des Holzknüppels zu verzichten, mit dem das Schimpansenmännchen laut kreischend auf den Boden schlägt, wenn es den Versammlungsplatz stürmt.

Eigentlich müssten unter diesen Umständen alle anderen Geräusche umso deutlicher hervortreten. Eine Großstadt ist immer auch ein Gewirr der Stimmen, in das man eintauchen kann wie in ein experimentelles Hörspiel. Der Strom aus Wortfetzen diskutierender Paare, dem Palaver überdrehter Jugendgruppen, aus schimpfenden Müttern, schreienden Kleinkindern, telefonierenden Maklern, johlenden Touristen bildet, wenn man sich darauf einlässt, eine eigene Geschichtencollage. Jede Stadt hat ihr spezifisches Gemisch aus Sprach- und Satzmelodien, an dem man sie mit etwas Übung so sicher erkennen würde wie an den Silhouetten ihrer herausragenden Bauwerke.

In Tokio ist es vor allem durch das Fehlen aufdringlicher menschlicher Lautäußerungen gekennzeichnet. Unterhaltungen zwischen Passanten im Gehen finden ebenso wenig statt wie U-Bahn-Gespräche. Allenfalls werden in der gebotenen Kürze notwendige Informationen ausgetauscht und das so leise, dass sich Unbeteiligte auf keinen Fall gestört fühlen. Kaum einer telefoniert in der Öffentlichkeit, selbst Klingeltöne sind selten zu hören. Die meisten scheinen ihre Handys auf Vibrationsalarm geschaltet zu haben, oder es gibt eine stillschweigende Übereinkunft, dass man niemanden anruft, der unterwegs ist. Offen und lautstark ausgetragene Konflikte unter Fußgängern, Rad- und Autofahrern, Verkäufern und Kunden kommen ebenso wenig vor wie wütende Flüche gen Himmel, weil etwas misslungen, geplatzt, kaputtgegangen ist. Die japanischen Kinder scheinen nur zu weinen, wenn sie sich ernsthaft weh getan haben und über die Shiba Inus habe ich gelesen, dass sie so gut wie nie bellen.

All das fällt mir erst nach und nach auf. Zugleich merke ich, dass der niedrige Geräuschpegel nur einer der Gründe für meine Entspannung ist. Die ganze Art, wie sich die Menschen im öffentlichen Raum verhalten, ist fundamental anders, als ich es gewohnt bin. Niemand benimmt sich so, dass ich das Gefühl habe, es wäre besser, einen großen Bogen um ihn zu machen. Gruppen von Halbstarken, die allein durch ihren Auftritt signalisieren, dass sie sich für die Herren der Straße halten, die schon auf zufälligen Blickkontakt mit Beleidigungen oder Drohgebärden reagieren, fehlen vollständig. Alltägliche Kleinkriminalität ist offenbar so wenig verbreitet wie alkoholisierte Randale oder offene sexuelle Belästigung. Wenn ich spätabends in einer leeren U-Bahn sitze oder durch kaum beleuchtete Gassen gehe, sehe ich Frauen, die allein unterwegs sind, sich aber weder umdrehen, wenn sie jemanden hinter sich spüren, noch ihre Schritte beschleunigen – als wären sie nicht im Geringsten besorgt, dass ihnen irgendetwas passieren könnte.[7]

Durch die jahrelange Beschäftigung mit der Yakuza weiß ich, dass der gesamte Bereich der Kriminalität in Japan von mächtigen, eng mit Politik und Wirtschaft verknüpften Gruppen organisiert und kontrolliert wird, die den urbanen Raum untereinander aufgeteilt haben. Sie leben keineswegs im Untergrund, sondern betreiben offen ihre Quartiersbüros – meist liegen sogar Mitgliederlisten aus. Dort können auch Normalbürger mit allen möglichen Problemen, von Nachbarschaftsstreitigkeiten über Schadensregulierungen bis zum Eintreiben überfälliger Schulden, vorstellig werden, für die das unterbesetzte, in erster Linie auf Diskretion bedachte japanische Justizsystem keine praktikablen Lösungen bereithält. Natürlich entspre-

7 Da ich mir einfach nicht vorstellen kann, dass es sich mit der Sicherheit in der Stadt wirklich so verhält, wie ich es wahrnehme, frage ich eine Doktorandin, die abends um elf noch anderthalb Stunden mit der U-Bahn in die Vorstadt nach Hause fährt, ob sie sich keine Sorgen macht? Sie lacht und schüttelt den Kopf. Eine von Kumekawa-sans Studentinnen, die regelmäßig nachts 200 Kilometer mit dem Shinkansen nach Shizuoka fährt, scheint nicht einmal den Grund meiner Frage zu verstehen. Zu Hause erkundige ich mich bei Dora, die 25 Jahre in Japan gelebt hat, ob mich mein Eindruck, dass Tokios Straßen für Frauen einfach sicherer sind als überall sonst, vielleicht täuscht? »Das ist einer der Gründe, weshalb ich zurückwill – auch wenn natürlich alles Mögliche in Japan nervt«, sagt sie.

chen ihre Methoden nicht dem, was man ein »faires Verfahren« nennen würde. Es gibt kaum Möglichkeiten, sich ihren Forderungen zu verweigern, unabhängig von der Frage, ob sie berechtigt sind oder nicht.

Obwohl die Yakuza faktisch allgegenwärtig ist, treten ihre Mitglieder öffentlich selten lautstark und unübersehbar in Erscheinung. Niemand, den ich bislang nach der Yakuza gefragt habe, hatte jemals mit ihnen Kontakt.

Allerdings steht regelmäßig nach Einbruch der Dunkelheit an der Kreuzung, bei der ich zum Ryokan abbiegen muss, ein kahl rasierter Mann im dunklen Anzug mit Headset mitten auf der Straße und regelt den Verkehr, bis ein riesiger schwarzer Mercedes-SUV mit getönten Scheiben heranrollt und vor einem Restaurant, das seltene Meeresfrüchte serviert, eine eigens für ihn frei gehaltene Parklücke besetzt. In Deutschland hätte ich spätestens beim zweiten Mal gewartet, um zu schauen, wer aus dem Wagen steigt, doch hier nehme ich lieber Abstand davon, denn erstens ist der indiskrete Blick ohnehin anstößig und zweitens muss ich anschließend an einem weiteren, offenbar rangniederen Bodyguard vorbei, der die Straße überwacht, an der mein Ryokan liegt.

Diese Art öffentlicher Selbstermächtigung, an der keine Polizeistreife jemals Anstoß nehmen würde, ist typisch für die Yakuza. Möglicherweise habe ich aber auch einfach zu viele japanische Gangsterfilme gesehen, und in Wirklichkeit handelt es sich bei dem Mercedes um den Dienstwagen eines Ministers, der Meeresfrüchte liebt und Personenschutz genießt, und ich könnte ähnliche Szenen vor dem französischen Restaurant bei uns zu Hause auf dem Weg zum Park beobachten, in dem regelmäßig die Bundeskanzlerin isst.

Dass die japanischen Straßen weitgehend frei von Kriminalität sind, liegt jedenfalls wohl auch daran, dass die Yakuza auf ebenso gnadenlose wie effektive Weise für Sicherheit und Ordnung in den von ihnen kontrollierten Gebieten sorgt. Falls ein gewöhnlicher Dieb tatsächlich so dumm sein sollte, einer Frau die Handtasche zu stehlen, fände er sich binnen Stunden mit Platzwunden und Knochenbrüchen irgendwo am Stadtrand wieder, während der geschädigten Dame ihr Hab und Gut umgehend und unter zahlreichen Entschuldigungen von einem Boten der örtlichen Gruppe nach Hause gebracht würde. Neulich erst habe ich gelesen, dass eine Frau, die – wo auch immer – tatsächlich Opfer eines Vergewaltigers geworden ist, sich besser an die lokale Yakuza wendet als an die Polizei. Insbesondere bei Sexualdelikten seien diese ziemlich unerbittlich, während die Strafverfolgungsbehörden sich lieber gar nicht erst mit derartigen Fällen befassen.

Einer der Hintergründe für die weitreichende Akzeptanz des nie schriftlich fixierten Abkommens zwischen Polizei und Unterwelt ist, dass die Heiligkeit des Staates und seiner Bediensteten, die ihren Ursprung in der göttlichen Abstammung des Kaiserhauses hat, durch die strikte Aufgabenteilung nicht mit den schmutzigen Seiten der menschlichen Natur in Berührung kommt. Auch wenn in der jüngeren Vergangenheit, insbesondere auf Druck der USA, die Kooperation zwischen Kriminellen und Kriminalitätsbekämpfern von offizieller Seite teilweise aufgekündigt, das Vorgehen gegen die Yakuza zumindest in den amtlichen Verlautbarungen verschärft wurde, scheint sie nach wie vor zu funktionieren.

Welchen genauen Anteil die Angst der Bürger vor der Brutalität der Yakuza, die Sorge, selbst das Gesicht zu verlieren, und die allgemeine Bereitschaft, einschränkende Verhaltensnormen zu respektieren, an der Befriedung des öffentlichen Lebens haben, lässt sich schwer sagen. Im Ergebnis führen die verschiedenen Komponenten jedenfalls dazu, dass nahezu alle Formen dominanter Selbstinszenierung, von provokantem Äußerem bis hin zu dezidiert aggressivem Verhalten, weitgehend aus der Öffentlichkeit verschwunden sind.

Während mir in Berlin schon Fünftklässler zu dritt nebeneinander mit geschwellter Brust in der Mitte des Bürgersteigs entgegenkommen und mich eher anrempeln als ausweichen, sind die meisten Passanten hier darauf bedacht, keinesfalls mehr Raum für sich in Anspruch zu nehmen als unbedingt nötig.

Selbst in einer vollbesetzten Tokioter U-Bahn scheinen Habitus und Bewegungen der Fahrgäste nicht in erster Linie darauf abzuzielen, sich selbst mehr Platz zu verschaffen, sondern vor allem dem Zweck zu dienen, die anderen mit der eigenen, bedauerlicherweise gerade unvermeidlichen Anwesenheit möglichst wenig zu behelligen. Sobald einer auch nur die Möglichkeit fürchtet, durch sein Verhalten irgendjemanden gestört oder behindert zu haben, bittet er um Entschuldigung. Da ich trotz aller Anpassungsbemühungen vermutlich noch immer im westlichen Ausbreitungsmodus agiere, passiert es mir regelmäßig, dass sich sogar Leute bei mir entschuldigen, denen de facto ich den Weg abgeschnitten habe oder im Gedränge auf den Fuß getreten bin.

Als ich einige Tage vor der Abreise meinen Freund Alex bat, mir ein paar hilfreiche japanische Redewendungen beizubringen, erklärte er mir, eigentlich brauche man in Japan nur zwei Worte, nämlich »arigato«, was in etwa unserem »Danke« entspricht, und »sumimasen« – das alle Vorgänge und Bereiche umfassende Entschuldigungswort. Er selbst entschuldigt sich, wenn er bei uns zu Besuch kommt, schon in der Wohnungstür lachend mit diversen »sumimasen«-Verbeugungen für jede mögliche und unmögliche Lästigkeit, die er vielleicht verursachen könnte oder schon verursacht hat, wobei Ernst und Selbstironie den eigenen Japonismen gegenüber sich in Wort und

入口
北京烤鴨店
1980
6805-01
Yamanote Line
Keep Left

Geste unentwirrbar miteinander verschränken, denn natürlich ist er uns noch nie mit irgendetwas zur Last gefallen – im Gegenteil.

Wenn mir früher in Deutschland frisch eingereiste Japaner begegneten, die das obligatorische »sumimasen« noch nicht abgelegt hatten, erschien mir diese Art prophylaktischer Selbsterniedrigung immer außerordentlich unangenehm. Ich hielt sie für ein klassisches Symptom fundamental gestörten Selbstbewusstseins, wie es die rigiden Erziehungsmethoden in einer hierarchisch autoritären Gesellschaft wohl zwangsläufig nach sich ziehen.

Doch hier, in Tokio, habe ich plötzlich den Eindruck, dass es sich dabei durchaus nicht um ein Zeichen kollektiver psychischer Störungen handelt, sondern dass »sumimasen« tatsächlich eine Art Zauberwort ist, das als vorauseilende Defensivgeste entscheidenden Anteil daran hat, den allgemeinen Selbstbehauptungsdruck und die latente Kampfbereitschaft aus dem öffentlichen Raum zu nehmen: Wer sich entschuldigt, beharrt nicht länger auf seiner Position, tritt zurück und übernimmt vorsorglich die Verantwortung für eine möglicherweise verunglückte Begegnung, so dass dem aufbrandenden Zorn des Gegenübers, ganz gleich wer recht oder unrecht hat, von vorneherein der Wind aus den Segeln genommen ist.

Die allgegenwärtige Entschuldigungskultur stellt nur einen kleinen Teil des völlig undurchdringlichen

Systems japanischer Höflichkeitsregeln dar. Mein Freund Jan Kollwitz sagte mir einmal, er habe etwa zwei Jahre in der japanischen Provinz benötigt, um sich für seine Gastgeber »halbwegs schmerzfrei verhalten zu können«, aber natürlich sei er immer noch weit davon entfernt, sich wie ein zivilisierter Mensch zu benehmen.

Nahezu alle Kommentare westlicher Japan-Kenner und -Korrespondenten, die ich in den vergangenen Jahren zu diesem Thema gehört oder gelesen habe, beschreiben die japanische Etikette dementsprechend als ein mal bedrückendes, mal absurd komisches Zwangssystem, das die Menschen sinnlos reglementiert und an der Entfaltung ihrer Persönlichkeit hindert, so dass ein freies und ungezwungenes Miteinander eigentlich gar nicht möglich ist. Ohnehin liege dieser Höflichkeit eben nicht Respekt vor der Würde des Einzelnen zugrunde, sondern eine Art erstarrte Unterwürfigkeit gegenüber einem kafkaesken, jede menschliche Regung im Keim erstickenden Regelwerk. In letzter Zeit wird in diesem Zusammenhang auch gelegentlich auf die sogenannten »asiatischen Werte« verwiesen, die im Wesentlichen darauf abzielen würden, die Bedürfnisse und Rechte des Individuums zugunsten der Interessen verschiedener, einander hierarchisch über- und untergeordneter Gruppen – von der Familie, über die Firma, religiöse Institutionen bis hin zum Staatswesen selbst – zu beschneiden.

Bis vor wenigen Tagen wäre ich dieser Einschätzung bereitwillig gefolgt, ohne sie je vor Ort überprüft zu haben. Sie fügte sich in die Erinnerung an meine eigene pubertäre Rebellion, deren Ausgangspunkt unter anderem die Überzeugung war, dass es sich bei allen Formen standardisierter Höflichkeit um krankmachende Zwangsmaßnahmen einer ebenso angstneurotischen wie verlogenen Gesellschaft handelte.

Ehe bei uns im Gefolge der 68er-Bewegung und unterstützt von der massenmedialen Verbreitung amerikanischer Lässigkeit die alten Benimmregeln weitgehend abgeschafft wurden, bestand auch in Deutschland ein allgemein akzeptiertes, ziemlich ausdifferenziertes System bürgerlicher Manieren und Verhaltenskodizes mit Begrüßungsritualen wie dem Handkuss, dem »Diener« oder »Knicks«, ungeschriebenen Gesetzen, wie eine Frau oder ein Mann sich »ordentlich« kleidete, »anständig« saß oder stand, nicht zu vergessen das komplexe Regelwerk der Tischsitten: »Kartoffeln schneidet man nicht mit dem Messer«.

Ein Bekannter, der in der pfälzischen Provinz aufgewachsen ist, sich mittlerweile aber häufig in großbürgerlichen oder adeligen Hauptstadtkreisen bewegt, sagt, dass er dort immer sofort als nicht dazugehörig auffalle, weil ihm eben die selbstverständliche Sicherheit der Umgangsformen fehle. Während er früher Benimmregeln als sinnentleerten Formalismus verabscheut hat, der sowohl Ehrlichkeit als auch

Spontaneität im Keim erstickt, trauert er seiner »fehlenden Kinderstube« inzwischen insgeheim nach – er benutzt sogar diesen Begriff aus Omas Mottenkiste.

Je länger ich in Tokio unterwegs bin und je mehr Menschen ich treffe, sei es auf der Straße, im Restaurant, der Metro, in großen und kleinen Geschäften, nicht zuletzt im Ryokan, desto mehr gewinne ich allerdings den Eindruck, dass die angeblich so grotesk übersteigerte japanische Höflichkeit in den meisten Fällen keineswegs mit roboterhafter Kälte oder emotionaler Selbstkasteiung einhergeht, sondern eher zu einem allgemein freundlicheren, zumindest für mich als Gast außerordentlich angenehmem Umgang aller mit allen führt.

Der ältere Herr, der mir in der Lebensmittelabteilung des Mitsukoshi an seinem Stand kleine Pappbecher mit verschiedenen Tees zum Probieren reicht, tut das mit einer derart zugewandten, zugleich unaufdringlichen Aufmerksamkeit, dass ich den Eindruck habe, es interessiert ihn tatsächlich, ob mir sein Gyokuro schmeckt. Zwei Streifenpolizisten, die ich nach dem Weg zum Mitsui Memorial Museum frage, lassen es sich nicht nehmen, mich persönlich dort hinzugeleiten, und geben sich alle Mühe, mit Hilfe einer Handvoll englischer Wörter eine kleine Unterhaltung mit mir zu führen. Als wir das Gebäude schließlich erreicht haben, erklären sie dem Mann, der unmittelbar vor mir in den Aufzug steigt, was mein Ziel ist, damit er mir einen Hinweis gibt, wo ich aussteigen muss. Schon bei meinem dritten Besuch im *Café de Crié* lächelt die Bedienung mir freundlich zu, wenn ich zur Tür hereinkomme, und fragt, noch bevor ich etwas sage, ob sie mir wieder einen doppelten Espresso machen darf.

Überhaupt habe ich den Eindruck, dass sich die Aura der Verschlossenheit, mit der sich die meisten Japaner außerhalb der eigenen vier Wände umgeben, sofort auflöst, sobald es zu einer direkten persönlichen Begegnung kommt. Auch wenn in allen Bereichen der japanischen Gesellschaft extrem ausdifferenzierte Hierarchien das Verhalten bestimmen, führen zumindest in der Öffentlichkeit weder Reichtum, noch Herkunft oder gesellschaftlicher Status dazu, dass jemand meint, sich über die Regeln der allgemeinen Selbstbescheidung hinwegsetzen zu können.

Die Rücksichtnahme, die daraus folgt, geht einher mit einem selbstverständlichen Gefühl der Verantwortung für den öffentlichen Raum. Nirgends liegt Abfall herum, weder auf den Straßen, noch in den Parks, keine Becher, Tüten, Flaschen, Dosen, keine Essensreste und auch keine alten Socken. Das ist umso erstaunlicher, als einerseits jede Kleinigkeit aufwendig verpackt wird, andererseits städtische Mülleimer nicht üblich zu sein scheinen. Naturlich hat der Umstand, dass niemand unterwegs isst oder trinkt, entscheidenden Anteil an der umfänglichen Sauberkeit. Der weitaus meiste Müll in den Straßen der Welt besteht aus Essensresten oder den Verpackungen beziehungsweise Behältnissen für Essen und Trinken. *Coffee to go* hat sich hier aber ebenso wenig durchgesetzt wie *Sushi auf die Hand.* Wer sich in einem der zahllosen Imbisse etwas kauft, trägt es ins Büro, nach Hause oder wohin auch immer – jedenfalls nimmt er es nicht im Gehen und auch nicht auf der Parkbank zu sich. Vermutlich gilt es als unschicklich, die Mitmenschen außerhalb der dafür vorgesehenen Orte mit den Gesten der Nahrungsaufnahme, mit Kaubewegungen, Schmatzen, Trinkgeräuschen zu behelligen. Vielleicht sind sich auch einfach alle darin einig, dass man den Boden nicht verdreckt, auf dem andere schließlich noch gehen wollen, ohne in Fischgräten, Dönerfetzen, Bohnenpaste oder Limonadenlachen zu treten – von Urinpfützen und Erbrochenem ganz zu schweigen.

Immer öfter ertappe ich mich bei dem Gedanken, dass die totale Abwesenheit all der kleineren und größeren Lästigkeiten, die ich in Berlin oder Kairo, Paris oder Delhi nicht einmal als besonders unangenehm oder störend empfinde, hier auf einmal zu einem ungeheuren Gewinn an Lebensqualität führt. Gleichzeitig ist mir meine reflexhafte Freude über Höflichkeit, Ordnung und Sauberkeit in hohem Maß suspekt, und ich frage mich, ob es sich dabei um ein Zeichen des vielfach beschriebenen Alterskonservatismus handelt, der sich angeblich mit beinahe biologischer Unausweichlichkeit jenseits der fünfzig im Denken breitmacht, gefolgt von Klagen über den Niedergang der Kultur, die Verkommenheit der nächsten Generationen bis hin zur krankhaften Fixierung auf Sittenverfall, Respektlosigkeit, Kriminalität. – Bei meiner Kinderfrau, Tante Mieke, führte es am Ende, mit Anfang neunzig, zu der Überzeugung, dass wir in Deutschland wieder einen kleinen Hitler bräuchten, der auf den Straßen für Ordnung sorgte.[8]

Mein Freund Christoph hatte mich gefragt, ob es mir neben den Verpflichtungen an der Keiō-Universität möglich sei, für eine Sitzung in sein Seminar an der *University for Foreign Studies* zu kommen. Ich bin immer froh, wenn sich die Gelegenheit ergibt, mit Studenten über Literatur, Kunst und all die großen Fragen des Lebens zu reden, um die es darin geht, und natürlich interessiert es mich besonders, mit welchen Augen junge Japaner die Welt sehen.

Das Bild, das in deutschen Medien vermittelt wird, wenn sich alle Jahre wieder eine Redaktion bemü-

8 Halbwegs beruhigt bin ich erst, als ich zwei Wochen nach meiner Rückkehr aus Tokio wieder durch Kairo spaziere – seit fast dreißig Jahren meine Weltlieblingsstadt – und mich dort mit dem gleichen Wohlgefühl wie immer in Chaos, Gedränge, Dreck, Lärm und jede Art zwischenmenschlicher Distanzlosigkeit stürze.

ßigt fühlt, ihrer Leserschaft ein Bild der japanischen Jugend zu zeichnen, ist meist ganz und gar trostlos: Sie ersticken unter den Normen und Erwartungen von Eltern, Familie, Schule, Universität. Die restriktive Gesellschaft, in der sie aufwachsen, treibt sie massenhaft in Selbstisolation, absonderliche Verhaltensstörungen und psychische Krankheiten. Da Schüler und Studenten hauptsächlich mit sinnlosem Auswendiglernen beschäftigt sind – der einzigen Form des Wissenserwerbs, den das japanische Bildungswesen kennt –, haben sie weder Möglichkeiten, ihre Kreativität zu entwickeln, noch ihre Gefühle auszuleben, sondern verbringen ihre knapp bemessene Freizeit meist allein und stumm in ihren Zimmern. Wenn es gut läuft, schauen sie dort Animé-Serien oder spielen Computerspiele, ansonsten lesen sie »Selbstmordratgeber«, die angeblich Longseller auf dem japanischen Buchmarkt sind. Glaubt man den Statistiken und Studien, die in dem Zusammenhang zitiert werden, haben die meisten von ihnen nicht einmal mehr Interesse an Sex.

Ungefähr fünfundzwanzig junge Leute sitzen vor mir in dem unspektakulär funktionalen Raum, der an einer deutschen oder amerikanischen Universität nicht wesentlich anders aussähe. Sie wirken interessiert und aufmerksam. Einige essen oder trinken. Anders als auf der Straße scheint es in diesem Rahmen akzeptabel zu sein.

Eine Studentin und ein Student, beide in fortgeschrittenen Semestern, haben die Moderation übernommen. Sie machen die offizielle Begrüßung und geben eine kurze Einführung, ehe ich einige Passagen vorlese – nicht zu viele und nicht zu lang: Erstens haben ohnehin alle zu Hause die Texte vorbereitet, die Christoph ihnen ausgeteilt hatte, zweitens soll das Gespräch im Vordergrund stehen.

Die beiden Moderatoren haben eine lange Liste mit Fragen ausgearbeitet, die sie abwechselnd stellen. Es geht um westliche Japanbilder, Teekultur, die Art und Weise, wie ich mich dem Land genähert habe, ohne hier gewesen zu sein – wie es mir jetzt gefällt?

Nachdem eine Stunde lang hauptsächlich wir drei geredet haben, versuche ich, auch die anderen Studenten dazu zu bewegen, sich zu Wort zu melden und eigene Fragen oder Eindrücke zu formulieren.

Zunächst fühlt sich niemand angesprochen. Möglicherweise habe ich meine Aufforderungen zu sehr einer diffusen Vorstellung japanischer Gesprächskultur angepasst, in der man dem Gegenüber immer Auswege offen lässt. Alle warten, dass jemand anderes den Anfang macht.

Ihr Verhältnis zur Teezeremonie, die in vielen älteren Büchern – sowohl von Deutschen als auch von Japanern – als Dreh- und Angelpunkt der gesamten japanischen Kultur dargestellt wird, würde mich sehr interessieren, gerade weil ich weiß, dass dieses Zentralritual, um das seit dem 16. Jahrhundert nahezu alle Künste kreisten, in den vergangenen Jahrzehnten dramatisch an Bedeutung verloren hat. Andererseits habe ich YouTube- und Instagram-Videos gesehen, in denen junge Japaner mit Punkfrisuren, in Jeans oder exzentrischen Kleidern ziemlich frei und ohne pseudosakrale Feierlichkeit mit den überlieferten Formen umgehen, und stelle mir vor, dass spätestens seit der Wahl des nationalkonservativen Populisten Shinzo Abe zum Ministerpräsidenten nicht nur der historisch-politische Revanchismus, sondern auch die wirklichen Traditionen eine Renaissance erleben. Die Videos zumindest legen nahe, dass sich gerade eine Bewegung in der freien Jugendszene entwickelt, die den Teeweg aus der verknöcherten Welt gestrenger Großmütter befreien und ihn – über eine Rückbesinnung auf seine radikal individualistischen und antikonventionellen Anfänge der Momoyama-Zeit – in die Gegenwart führen will.

Ich frage also direkt: »Beschäftigt sich von euch eigentlich jemand mit der Teezeremonie?«

Die erste Reaktion ist betretenes Schweigen, in das sich hier und da Flüstern und Kichern mischen.

Nach einer Weile meldet sich eine Studentin, die sich ordnungsgemäß entschuldigt – vielleicht, weil sie Sorge hat, sich vorgedrängt zu haben oder weil ihr Deutsch nicht gut genug sein könnte: »Ich habe es ein paarmal probiert, als ich sechzehn oder siebzehn

Jahre alt war, weil ich eine Tante habe, die Teemeisterin ist…«

Viele nicken. Offenbar haben auch sie Tanten, die Teemeisterin sind. Wieder ist unterdrücktes Lachen zu hören.

»Aber dann«, fährt sie fort, »ist sie doch wirklich sehr streng gewesen, und ich habe immer viele Fehler gemacht. Deshalb habe ich nach kurzer Zeit wieder damit aufgehört.«

Erleichterte Zustimmung macht sich breit.

Die »gestrenge Teemeisterin« scheint für viele eine vergleichbar archetypische Figur darzustellen wie die »bösartige Nonne« in meiner Jugend.

Auch wenn offenbar niemand von ihnen Geist und Praxis des Teewegs im eigenen Leben vermisst, scheint es einigen doch peinlich zu sein, einem Ausländer – noch dazu einem erklärten Japan-Liebhaber – gegenüber zuzugeben, dass sie diesen Teil der eigenen Kultur, von dem sie natürlich wissen, wie herausragend bedeutend er ist, ganz und gar auslassen. Vielleicht fürchten sie auch, dass allein durch ihre behutsam kritischen Andeutungen meine Sicht auf die Teemeisterin als solche Schaden nehmen wird und sich in mir ein zwar realistischeres, meiner Begeisterung für Land und Tee jedoch abträgliches Bild festsetzt – was auch niemand verantworten möchte.

Ich wiederum käme mir komisch vor, würde ich jetzt anfangen, ihnen die historischen und geistigen

Hintergründe ihres eigenen vormaligen Nationalrituals zu erläutern.

Lachend frage ich: »Mit Teekeramik beschäftigt sich dann wahrscheinlich auch keiner, oder? – Unohanagaki? Schon mal gehört?«

Allgemeines Kopfschütteln.

»Das ist eine sehr berühmte Teeschale – vielleicht die berühmteste überhaupt«, sage ich: »Sie gehört sogar zu den Nationalschätzen, *Nihon kokuhō*.«

Kurz sehe ich einen japanischen Austauschlehrer vor mir, der in der Klasse meiner siebzehnjährigen Tochter nach Form und Bedeutung der Heiligen Messe oder der Schnitzkunst des Spätmittelalters fragen würde: »Was denkt ihr über Tilman Riemenschneider, Veit Stoß oder Henrik Douvermann?«

Beim Thema »Yakuza« herrscht noch größere Ratlosigkeit. Weder scheint ihnen die Rolle, die sie in der Gesellschaft spielt, bewusst zu sein, noch haben sie Romane oder Filme, die sich damit beschäftigen, gelesen oder gesehen. Allerdings ist der Großmeister des Yakuza-Thrillers, Takeshi Kitano, inzwischen auch schon Anfang siebzig, seine Trash-Kultsendung *Takeshi's Castle* lief von 1986–89. Zumindest die Romane, die es zu deutschen Übersetzungen gebracht haben, stammen im Original mehr oder weniger alle aus den 1970er und 80er Jahren, sind also vermutlich für junge Japaner so weit weg, wie für deutsche Jugendliche Horst Schimanski oder die Bücher von Johannes Mario Simmel.

Um ihnen doch noch irgendetwas Persönliches zu entlocken, frage ich schließlich: »Waren von euch schon viele in Deutschland?«

Tatsächlich sind einige für ein oder zwei Semester im Rahmen von Stipendien- oder Austauschprogrammen in verschiedenen deutschen Städten gewesen. Es fallen die Namen Hannover, Nürnberg, Berlin.

Doch auch hier fühlt sich niemand bemüßigt, von sich aus über die Erfahrungen zu sprechen, die sie oder er dort gemacht hat.

Vermutlich ist die Scheu, sich mit eigenen, subjektiven Eindrücken in den Mittelpunkt zu drängen, die Kehrseite der Zurückhaltung, deretwegen es so angenehm ist, sich durch Tokio zu bewegen. Aufgrund der leicht betretenen Mienen, geflüsterten Bemerkungen, vermute ich allerdings, dass sie von diesen Aufenthalten mindestens mit zwiespältigen Gefühlen zurückgekehrt sind.

»Und? Wie hat es euch gefallen?«

Neben gequältem Lächeln sehe ich hier und da einen peinlich berührten oder sich vorsorglich entschuldigenden Ausdruck in den Gesichtern.

Um ihnen die Sorge zu nehmen, mich in meinem ohnehin äußerst schwach ausgeprägten Nationalgefühl zu kränken, sage ich: »Vieles ist sicher sehr fremd beziehungsweise gewöhnungsbedürftig, wenn man aus Japan nach Deutschland kommt, oder?«

Einer fasst sich daraufhin ein Herz und sagt:

»Deutschland ist ein sehr schönes und interessantes Land …«

Er macht eine Pause, in der das »Aber« deutlich zu hören ist, fährt jedoch erst einmal fort. »Es gibt viel gute Kultur, der Kölner Dom zum Beispiel ist sehr schön und Schloss Neuschwanstein. Ich habe auch sehr viel Bratwurst gegessen und Bier getrunken …«

Alle lachen, so dass er Zeit gewinnt, endlich eine nicht zu deutliche Formulierung seines »Aber« zu finden.

»Es ist schon ganz anders als Japan. Und anders, als ich es mir vorgestellt habe.«

Wieder hält er inne, als wüsste er nicht genau, ob es angemessen ist, wenn er in seinen Ausführungen konkreter wird, oder ob er womöglich schon zu weit gegangen ist.

»Inwiefern?«, frage ich.

»Also, es war wirklich sehr interessant, aber wenn man zum Beispiel mit der U-Bahn fährt oder in Geschäfte geht, ist es nicht wie in Tokio. Manche Leute dort sind nicht so … freundlich … insgesamt. Vielleicht auch manchmal Ausländern gegenüber. Und es ist, glaube ich, nicht immer so sicher auf der Straße wie in Japan. Es hat mir trotzdem sehr gut gefallen.«

Eine Studentin, die ebenfalls länger in Deutschland gewesen ist, sagt: »Ich habe gedacht, dass Deutschland so ähnlich wie Japan ist.«

Jetzt muss ich lachen.

»…also dass dort alle immer höflich sind und dass überall perfekte Ordnung herrscht. Die Straßen sind aber manchmal nicht so sauber. Die Züge kommen oft zu spät. Aber es war sehr schön für mich dort.«

Natürlich gibt es in Japan ebenso tiefsitzende und festgefügte Bilder von Deutschland wie umgekehrt. Während für viele Deutsche Japan noch immer das Land der Samurai, der Teezeremonie, von Zen und Sushi, mittlerweile auch von Manga, Sonys Playstation und Pflegerobotern ist, fällt Japanern, wenn sie an Deutschland denken, zuallererst Beethoven ein, dann Goethe, Mercedes und Schnitzel. Daneben gilt es noch immer als das Land im Westen, das in seiner Lebens- und Denkweise Japan am nächsten steht: Zwar haben wir keinen Kaiser und auch keinen Führer mehr, doch abgesehen davon herrschen bei uns dieselbe Art Disziplin, Perfektion, Ordnung, Sauberkeit und Pünktlichkeit. Auch ist der Respekt vor Autorität und Hierarchie der deutschen Seele bis in alle Ewigkeit eingeimpft. Ein Japaner, der nach Deutschland reist, sollte sich eigentlich – abgesehen davon, dass Kartoffeln statt Reis gegessen werden – wie zu Hause zu fühlen.

Diese Vorstellungen dürften in nahezu jedem deutschen Bahnhofsviertel innerhalb weniger Minuten in sich zusammenfallen.

»Könntet ihr euch vorstellen, dort zu leben?«, frage ich.

Die Frage ist ein bisschen gemein, da sie im Grunde nur »ja« oder »nein« als Antwort zulässt. Falls die Antwort in Richtung »nein« tendiert, bleibt ihnen nur die Alternative, zu lügen oder grob unhöflich zu sein, während einem Japaner normalerweise, selbst wenn er etwas auf keinen Fall möchte, zahlreiche sprachliche Nuancen offenstehen, mit denen er einen Ausweg ins Unbestimmte nehmen kann, denn eine Kränkung des Gegenübers sollte unbedingt vermieden werden.

Allgemeines Stimmengewirr aus kurzen Wortwechseln zwischen Banknachbarn mischt sich mit Gemurmel und Kichern, begleitet von mehr oder weniger einvernehmlichem Kopfschütteln.

»Ich glaube, eher nicht«, sagt schließlich der Student, der als Erster seine Eindrücke aus Deutschland geschildert hat.

Ich warte einen Moment, dann frage ich noch einmal: »Ist niemand hier, der gern in Deutschland leben möchte?«, schon um sicherzustellen, dass abweichende Meinungen nicht untergehen. Es kann ja sein, dass tatsächlich der eine oder andere heimlich rauswill aus den komplexen Zwängen der hiesigen Ordnungen oder von einem ganz anderen Leben träumt. Die, die in Deutschland waren, haben doch sicher von der Clubszene erzählt, von den ungezwungenen Möglichkeiten, mit anderen in Kontakt zu kommen, von wilden Partys in Parks, den Haschischschwaden in den Straßen und überhaupt von all den Arten Freiheit und Abenteuer geschwärmt, nach denen sich – jedenfalls in unserer Vorstellung – alle »normalen« jungen Leute auf der Welt sehnen.

Vielleicht haben sie aber auch über Wochen und Monate kaum Kontakte gehabt, geschweige denn Freundschaften geschlossen und gar keinen Zugang ins Studentenleben gefunden, weil die ungeschriebenen Gesetze der scheinbar so zwanglosen Formlosigkeit bei uns für sie genauso undurchschaubar waren wie für einen Deutschen die komplexen Regelwerke japanischen Benehmens.

Jedenfalls meldet sich niemand.

VII. Frauen mit Brillen und das älteste Kaufhaus der Welt

Zum inzwischen fünften oder sechsten Mal sitze ich in dem kleinen Raucherbereich des *Café de Crié* und trinke einen doppelten Espresso zur Zigarette.

Um Viertel nach neun schiebt dieselbe ältere Dame, die schon an den Tagen zuvor der einzige rauchende Gast neben mir war, die gläserne Tür auf und setzt sich an den Tisch, meinem schräg gegenüber. Sie wirkt überaus gepflegt, ihr silbergraues Haar hat einen Violettstich, wie er während meiner Kindheit in Westdeutschland Mode gewesen ist, dazu trägt sie eine große Hornbrille, deren Farbe zur Fassung hin von Beige zu Lila wechselt. Ihre Hände sind schmalgliedrig, die Fingernägel brombeerfarben lackiert. Sie nickt mir äußerst würdevoll zu. Der Hauch eines Lächelns gleitet über ihr Gesicht, als wäre ich ein alter Bekannter, den sie seit Jahren täglich hier trifft und als Teil ihres Lebens betrachtet, obwohl sie nie ein Wort mit ihm gewechselt hat. Nach einem ersten Schluck Kaffee zieht sie eine weiße, mit rosafarbenen Sternen bedruckte Packung *Fram* aus ihrer altmodischen Ledertasche, und zündet sich eine dünne, überlange Zigarette an. Ihr Lippenstift hinterlässt einen dunklen Abdruck an der Spitze des Filters.

Sie scheint mit niemandem verabredet zu sein, weder liest sie ein Buch oder eine Zeitschrift, noch beschäftigt sie sich mit ihrem Smartphone – sie ist einfach hier, um zu rauchen und Kaffee zu trinken. Mehrfach kreuzen sich unsere Blicke, ihrer ist verschmitzt, um nicht zu sagen kokett, ich lächele vorsichtig, doch sie macht keinen Versuch, ein Gespräch zu beginnen. Vielleicht gehört es sich nicht, oder sie geht davon aus, dass ich kein Japanisch verstehe, und von der Tauglichkeit ihrer eigenen Englischkenntnisse ist sie nicht überzeugt.

Ich wende mich meinem Telefonbildschirm zu, lese Nachrichten in den deutschen Online-Zeitungen, auch wenn sie wegen der Zeitverschiebung fast alle von gestern sind.

Bei *Sueddeutsche.de* stoße ich auf die Schlagzeile: »Unscharfe Argumente – Warum japanische Unternehmen Frauen die Brille verbieten.«

Ich staune über den Zufall, dass ich hier, in Tokio, in einem Café sitze und ein solcher Artikel auf meinem iPhone erscheint, wobei es natürlich Unsinn ist, darüber zu staunen: Weder gibt es einen kausalen Zusammenhang zwischen meinem Aufenthalt in Japan und der Veröffentlichung des Artikels, noch ändert sich die Wahrscheinlichkeit, dass ein solcher Artikel auftaucht, dadurch, dass ich gerade hier bin. Wäre ich in Deutschland, würde ich ihn natürlich auch sofort lesen, doch hier kommt es mir sonderbar vor, obwohl oder gerade weil schon die Überschrift haargenau den Klischees entspricht, die sich in meinem Kopf seit den 80er Jahren des vergangenen Jahrhunderts über japanische Unternehmen einerseits und die Rolle der Frau in Japan andererseits festgesetzt haben.

Damals waren Heerscharen japanischer Manager, ausgestattet mit der selbstquälerischen Härte von Zen-Mönchen und dem Kriegerwissen der Samurai, ausgezogen, um die globalen Märkte, insbesondere die deutschen Elektrogerätehersteller und Autobauer zu unterwerfen. Zu den Geheimnissen ihres Erfolgs, so wurde regelmäßig kolportiert, gehörten bedingungsloser Gehorsam gegenüber absolutistisch herrschenden Vorgesetzten und die vollständige Aufgabe aller privaten Interessen zugunsten des Firmenwohls. Hinter diesen funktionsoptimierten Maschinenmenschen fristeten duldsame Gattinnen, die einen Status zwischen Dienstboten und Leibeigenen innehatten, ein trostloses Dasein.

Bereits 1979 überschrieb *Der Spiegel* einen Artikel über die Rolle der Frau in Japan mit »Halte den Mund und geh hinter mir«. Im fett gedruckten Kurztext hieß es: »Angeblich ist sie keine *voll entwickelte Persönlichkeit* und findet ihren gottgegebenen Platz deshalb in Küche und Kinderzimmer – lehrt ein japanisches Schulbuch über die Japanerin.«[9]

---

9 *Der Spiegel*, 51/1979, S. 108 f.

Weitere Magazinbeiträge, Studien und Bücher verfestigten die Vorstellung von der bitter einsamen japanischen Hausfrau und Mutter, die – nachdem sie pflichtgemäß ein oder zwei Kinder geboren hatte – allabendlich in stummer Ergebenheit hinnahm, dass ihr Gatte sich mit den Arbeitskollegen bis weit nach Mitternacht in Sake-Kneipen und Animierlokalen dienstlich vergnügte.

Die erste japanische Frau, die ich persönlich kennenlernte, war Hideko, die Mitinhaberin eines japanischen Restaurants in Mainz, bei der ich jahrelang Stammgast und Küchenhilfe war. Sie entstammte einer alten Samurai-Familie und hatte Japan 1977 im Alter von einundzwanzig Jahren in Richtung Europa verlassen, zunächst, weil es ihr zu Hause nicht möglich gewesen wäre, Köchin zu werden – der Beruf war Männern vorbehalten –, vor allem aber, weil sie sich auf keinen Fall dem diktatorischen Regime eines japanischen Ehemanns unterwerfen wollte.

Seither hatte ich mit einem guten Dutzend japanischer Frauen unterschiedlichen Alters und diverser Beschäftigungsfelder näher zu tun. Sie waren genauso verschieden wie Menschen überall sonst auf der Welt verschieden sind. Allerdings habe ich unter ihnen, anders als es die veröffentlichten Befunde nahelegen, überdurchschnittlich viele, äußerst selbstbestimmte und durchsetzungsfreudige Damen vom Typus der bei den Studenten so gefürchteten Teemeisterin getroffen.

Auch Frau Okazaki dürfte dieser Kategorie zuzurechnen sein. Sie ist neunundsechzig – gehört also derselben Generation wie Hideko an. Bis zu ihrer Pensionierung war sie Stewardess und schließlich Purser bei Japan Airlines. Wir haben schon mehrfach abends zusammen Tee getrunken und geplaudert. Ohne dass ich irgendetwas in diese Richtung gefragt hätte, erzählte sie mir, dass sie nie geheiratet habe, nicht, weil niemand an ihr interessiert gewesen sei, im Gegenteil: Eine ganze Reihe Männer habe sich um sie bemüht – was ich unbesehen glaube, sie ist nach wie vor eine sehr schöne Frau –, sondern weil eine Eheschließung unweigerlich bedeutet hätte, dass es mit Freiheit und Selbstbestimmung vorbei gewesen wäre. Frau Okazaki lebt allein mit einem Kater. Wenn sie nach der Arbeit in ihre Wohnung kommt, ist sie allerdings manchmal ein wenig bekümmert, dass dort niemand sonst auf sie wartet. Aber vielleicht, das wiederholte sie zwei- oder dreimal und in ihren Augen blitzte ein jungmädchenhaftes Leuchten auf, werde sie eines Tages doch noch heiraten, vorausgesetzt es finde sich ein Mann, der ihre Selbständigkeit respektiere, am besten ein jüngerer, denn die jüngeren seien weniger herrisch als die Männer ihrer Generation. Wenn jemand, der ihr gefiele, ihr einen Antrag machen würde, ließe sie sich durchaus umstimmen, selbst wenn sie dann schon achtzig sei: Für die Liebe sei es schließlich nie zu spät.

»Die Nachricht vom japanischen Brillenverbot für weibliche Angestellte erzeugte erst Unglauben, dann Empörung«, beginnt der eigentliche Artikel.

Bei Twitter, so erfahre ich, gibt es seit kurzem einen Hashtag »Brillen verboten«, unter dem zahlreiche Nutzerinnen ihre Erfahrungen teilen. Eine Kellnerin berichtet, ihr seien drei Gründe genannt worden, weshalb sie keine Brille tragen dürfe: »Brille und Kimono passten einfach nicht zusammen. Gäste über die Ränder einer Brille zu betrachten, sei unhöflich. Und: Die Brille könne ins Essen fallen.«

Vor einigen Monaten wurde in den deutschen Zeitungen schon einmal über eine ähnliche Geschichte berichtet. Damals stand die nicht ausdrückliche Vorschrift für weibliche Angestellte im Fokus, am Arbeitsplatz Schuhe mit hohen Absätzen zu tragen.

Im Prinzip passt alles ins Bild: despotische Chefs, überholte Schönheitsideale, kombiniert mit kleingeistigen Benimmregeln und offener Frauenverachtung. Aber irgendetwas macht mich trotzdem stutzig. So entschlossen die Überschrift auftritt, so vage bleiben die Hintergründe. Woher stammt »die Nachricht« überhaupt? Wer hat sie über welche Medien verbreitet? Wundern sich die Japaner darüber, nachdem sie davon gehört haben? Das würde bedeuten, dass es sich entweder um ein weitgehend unbekanntes Verbot handelt oder dass es erst vor kurzem erlassen wurde. Oder nimmt der Autor Unglauben und Empörung seiner deutschen Leserschaft 9 000 Kilometer weiter westlich vorweg?

»Japans Wirtschaft wird sich wohl ändern müssen«, heißt es weiter. »Sie braucht Frauen auf dem Arbeitsmarkt, weil die Bevölkerung schrumpft. Und es fällt auf, dass sich der männerdominierte Firmenadel schwertut, sein Frauenbild zu überarbeiten. Im jüngsten Gleichstellungsreport führt das Weltwirtschaftsforum Japan auf Platz 110. Und die Frauen werden lauter.«

Ich bin mir allerdings fast sicher, dass eine der beiden Bedienungen hier vorn hinter der Theke eine Brille aufhat. Da ich sie von meinem Platz aus nicht sehen kann, gehe ich drei Schritte vor, und tatsächlich, die zweite Kellnerin – nicht die, die schon weiß, was ich bestelle, wenn ich zur Tür hereintrete – trägt eine Brille. Auch ist es keineswegs ein zurückgenommenes, sondern ein sehr markantes Gestell aus schwarzem Kunststoff mit großen, kreisrunden Gläsern.

Rein interessehalber gebe ich die Wörter »Brillen Frauen Japan Verbot« in das Google-Feld ein und stelle fest, dass das Thema bereits seit Tagen durch die deutschsprachigen Medien geistert. »Japanerinnen wehren sich gegen Brillenverbot«, ist der entsprechende *FAZ*-Artikel überschrieben. Auch *BILD* hat sich der Sache angenommen und titelt »Japan: Irre Kleiderregeln untersagen Frauen, im Job Brillen zu tragen.«

Sämtliche Schlagzeilen suggerieren, dass es sich um ein allgemeines, womöglich sogar staatlich angeordnetes Verbot handelt.

Von Journalisten, die für deutsche Medien aus Kairo, Istanbul und Riad berichten, weiß ich allerdings auch, dass Auslandskorrespondenten oft große Schwierigkeiten haben, die Redaktionen zu Hause von der Relevanz ihrer Themen zu überzeugen, weshalb sie – wenn nicht gerade Kriege, Seuchen oder Vulkane ausgebrochen sind – gern das Bedürfnis der heimischen Leserschaft nach possierlichen oder auch besonders haarsträubenden Exotismen bedienen.

Seit die Begeisterung für alte spirituelle Techniken, Rituale oder sublime Kunstformen sich in Deutschland auf wenige Spezialisten beschränkt, sind über Japan vor allem Geschichten beliebt, die latent psychopathische Verschrobenheiten in den Blickpunkt rücken: Katzen-, Eulen- und Igelcafés oder die Extremnerds namens »Hikikomori«, die ihre Wohnung niemals verlassen und von denen es rund eine Million geben soll. Erotische Absonderlichkeiten gehen ebenfalls gut: Japaner, die eine Beziehung mit in allen Details lebensnah geformten Silikonfrauen führen, oder die Geschichte des Künstlers Mao Sugiyama, der sich kastrieren ließ und seine Genitalien im Rahmen einer Performance mit Petersilie und Pilzen den zahlungskräftigsten Gästen servierte. Daneben tauchen regelmäßig Artikel über die mal skurrile, mal regelrecht menschenverachtende Technikbegeisterung der Japaner auf. Roboter sollen bereits in Grundschulen und Altenheimen leibhaftige Menschen als Lehrer beziehungsweise Pfleger ersetzen. Diese Entwicklung wird in Japan auch deshalb intensiv vorangetrieben – heißt es zur Erklärung –, weil die Regierung hofft, auf diese Weise den Zuzug ausländischer Arbeitskräfte gering zu halten. Hier folgt dann gern noch ein Hinweis auf den nach wie vor verbreiteten Rassismus der Japaner.[10]

Ich bin mittlerweile in vielen verschiedenen Geschäften, Cafés, Restaurants und Museen gewesen und frage mich, ob es mir überhaupt aufgefallen wäre, wenn dort keine Frauen mit Brillen bedient hätten?

Da ich heute oder morgen ohnehin ins Mitsukoshi-Stammhaus nach Nihonbashi wollte, um zu schauen, ob sie dort noch immer die Arbeiten berühmter Ma-

---

10 Nach dem Seminar an der *University for Foreign Studies*, stand ich mit meinem Freund Christoph und seiner ebenfalls deutschen Kollegin, Verena, zusammen, die aus Sachsen stammt, aber seit zehn Jahren mit ihrem senegalesischen Mann und der gemeinsamen Tochter in Tokio lebt. Als ich sie nach ihren Erfahrungen mit dem japanischen Rassismus frage, zeigt mir Verena Handyfotos, auf denen ein dreijähriges Mädchen mit wild vom Kopf abstehenden afrikanischen Löckchen im Kimono, umringt von zahlreichen japanischen Kindern und Eltern, das Shichi-go-san – eine Art Initiationsfest mit Schreinbesuch und vielen Süßigkeiten – feiert. »Wenn wir zu meinen Eltern nach Halle fahren«, sagt sie, »hab ich tatsächlich Schwierigkeiten und überlege mir, wo wir hingehen, aber hier in Japan gab es noch nie ein Problem.«

ler, Bildhauer, Keramiker, Lackkünstler, Schmiede, Eisengießer zeigen, kann ich mich auch gleich dorthin auf den Weg machen: Wenn es einen Ort gibt, an dem sich die geschriebenen und ungeschriebenen Gesetze des Umgangs zwischen Verkäufern und Kunden in Japan studieren lassen, dann ist es das Mitsukoshi.

Gegründet 1673 als Kimono-Geschäft, gilt es als ältestes Kaufhaus der Welt, und obwohl es hinsichtlich des Umsatzvolumens mittlerweile von seinem größten Konkurrenten, dem Takashimaya, das es immerhin auch schon seit 1829 gibt, überholt wurde und die meisten Versuche der Geschäftsführung, Dependancen außerhalb Japans zu etablieren, gescheitert sind, hat der Name noch immer einen überragenden Klang.

2016 wurde der Hauptsitz von der japanischen Kulturbehörde sogar zum bedeutenden nationalen Kulturgut ernannt, obwohl das Gebäude eine wilde Mischung westlicher Architekturstile in sich vereint, von gründerzeitlicher Neorenaissance über Jugendstil und Art déco bis hin zu Elementen des Modernismus.

Laut Google Maps benötige ich für die Strecke vom *Café de Crié* zum Mitsukoshi zu Fuß eine gute Viertelstunde. Wesentlich schneller ginge es mit der U-Bahn auch nicht, und das Wetter ist immer noch schön: wolkenloser Himmel bei angenehmen fünfundzwanzig Grad.

Schon jetzt schaue ich allen Frauen, die mir entgegenkommen und aussehen, als könnten sie beruflich unterwegs sein, ins Gesicht und auf die Füße, auch wenn zumindest Ersteres grob unhöflich ist. Die Zahl der Brillenträgerinnen liegt im statistisch unauffälligen Bereich, wobei ich methodenkritisch zugeben muss, dass ich nie eine Vergleichsbetrachtung in Berlin oder sonst irgendwo auf der Welt angestellt habe. Frauen, die zu Hosenanzügen oder geschäftsmäßig wirkenden Rock-Blusen-Blazer-Kombinationen Schuhe mit hohen Absätze tragen, sehe ich so gut wie gar keine, was nichts heißen muss: Sie können ihre Pumps oder High Heels ebenso gut in der Firma eingelagert haben und die Schuhe wechseln, sobald sie am Arbeitsplatz sind. Die meisten Handtaschen sind jedenfalls zu klein, um darin ein Paar Schuhe zu transportieren.

Während ich versuche, verschiedene Dresscodes zu identifizieren und zuzuordnen, fällt mir auf, dass die Garderobe von Frauen, die ich, meinen westlich geprägten Kriterien zufolge, für berufstätig gekleidet halte, um ein Vielfaches variabler und individueller ist als die der Männer. Letztere tragen zu circa neunzig Prozent Anzüge in einem relativ begrenzten Spektrum von wärmerem über kühleres Dunkelblau oder Dunkelgrau bis zu Fast-Schwarz, dazu mehr oder weniger ausschließlich einfarbige, größtenteils weiße Hemden mit nicht zu breiten, nicht zu bunten

Krawatten. Von Protesten japanischer Männer gegen die extrem restriktive Kleiderordnung, der sie in den meisten Unternehmen unterworfen sind, habe ich allerdings noch nie gelesen oder gehört.

Kurz vor dem Mitsukoshi überquere ich die Nihonbashi-Brücke. Sie ist größtenteils von einer in der Mitte geteilten, weiß-grau verblendeten Hochbahntrasse überbaut. Es scheint, als hätten die Stadtplaner für die Gleise tatsächlich zwei Stränge mit einigen Metern Abstand in der Mitte angelegt, um die alten Laternen auf den Brückenpfeilern mit ihren sphinxartigen Drachenfiguren nicht abreißen zu müssen.

Ich passiere das offene Ladenlokal eines Geschäfts für exklusives Katsuobushi – getrockneten und geräucherten Bonito, der hauchdünn gehobelt, neben Kombu-Algen, die wichtigste Zutat für Dashi-Brühe bildet und auch sonst für zahlreiche Gerichte verwendet wird. Eine Verkäuferin mittleren Alters in einem eleganten schwarzen Kleid wartet auf Kunden. Sie trägt eine Brille, die so markant und groß ist, dass ihr Gesicht an eine Eule erinnert. Leider werden ihre Schuhe vom Tresen verdeckt.

Ich wechsle die Straßenseite und gehe noch ein Stück, weil ich den alten Haupteingang des Einkaufszentrums von 1914 mit den beiden bronzenen Löwen nehmen möchte, von denen der Reiseführer behauptet, sie seien denen an der Nelson-Säule auf dem Trafalgar Square nachempfunden.

Links in den Schaufenstern, die den großen internationalen Modekonzernen zur Verfügung gestellt werden, präsentieren sich *Chanel, Bulgari, Luis Vuitton* – dazwischen befinden sich jedoch auch zwei Fenster, in denen jeweils ein prachtvoller Kimono aufgespannt ist.

Beinahe wäre ich am alten Eingang vorbeigegangen.

Wenn man unmittelbar davorsteht, wirkt er unscheinbar und vor allem erstaunlich beengt: Als hätte das Gewicht des Gebäudes ihn im Lauf der Jahrzehnte immer weiter zusammengestaucht. Die beiden Löwen rechts und links liegen eingepfercht da wie ihre Artgenossen in den schmuck gestalteten Schaukäfigen alter Zooanlagen, als sich noch niemand Gedanken über artgerechte Tierhaltung machte.

Ich trete durch die Flügeltüren und plötzlich befinde ich mich in einer anderen Welt – überirdisch kühl und weiß wie die Eishöhlen in Disney'schen Märchenpalästen: Ich gehe über hochglänzend polierte, weiße Marmorböden, aus denen sich die ebenfalls weißen Marmorsockel der Verkaufsstände und Vitrinen erheben. Weiße Pfeiler, die sich zur merkwürdig niedrigen Decke hin in einem Rauten-Schuppen-Gewölbe auffächern. Alles leuchtet so hell, dass ich für Momente die Orientierung – überhaupt das Gefühl für die Maße des Raums verliere. Neon- oder Halogenröhren und -strahler bilden an Wänden und

¥1,296
25

Decken facettierte Raster aus Licht, wiederholen sich in unendlichen Reflexionen, den Reflexionen der Reflexionen auf Spiegelflächen, Glas, Silber, Gold, Kristall, Edelsteinen. Ich komme mir vor wie in einem Bühnenraum, in dem Verkäuferinnen und Kunden als Figuren einer dystopisch-traumverlorenen Theaterinszenierung hin- und hergeschoben werden. An die Pfeiler sind Leuchttafeln montiert, Bilder von Riesenlippenstiften, irisierendem Lidschatten, mit Smaragden besetzten Eidechsen, dazu Hintergründe aus scharfem Orange, das zu giftigem Gelb wird, eine Skyline im Sonnenuntergang, karibischer Sandstrand. Darüber stehen weitere Markennamen in schwarzweißen Leuchtkästen: *Tom Ford, Guerlain, Dior, Yves Saint Laurent*. An einer Wand wurde eine geometrisch-serielle Installation aus Handtaschen der Firma *Valextra* eingerichtet: klassische Henkel-Modelle in verschiedenen Farbdesigns, hellrosa, pink, türkis, dazu Varianten aus eierschalenfarbenem und schwarzem Leder, über das pointiert asymmetrisch gesetzte Farbbänder laufen, wie sie in der Kunst der späten 60er Jahre beliebt waren.

Ich wundere mich über die geringe Anzahl Kunden oder neugieriger Touristen, die sich umschauen. An vielen Ständen warten zwei oder drei Verkäuferinnen in dunkelblauen Kostümen, dass jemand Beratung bei der Auswahl einer teuren Uhr, eines Dufts oder eines Kajalstifts benötigt. In der Koje des

Schmuckherstellers *Ponte Vecchio* halten drei Verkäufer – zwei Frauen und ein Mann – eine Lagebesprechung ab. Vielleicht reden sie auch darüber, was sie gestern Abend im Fernsehen angeschaut haben oder wo es gute Petits Fours gibt. – Alle drei tragen Brillen. Eine der beiden Damen hat sich für flache Pumps entschieden, die andere für dunkelblaue Mokassins; der Herr trägt Slipper.

Ich komme an einer Koje vorbei, wo sich eine Kundin mittleren Alters mit graumeliertem Pagenkopf von einer hauseigenen Kosmetikerin schminken lässt. Die Brille der Kosmetikerin wirkt – zumindest für japanische Verhältnisse – regelrecht exzentrisch: ein dünnes Silbergestell, das sich an den oberen Rändern flügelartig zu floralen, mit Strasssteinchen besetzten Ornamenten verbreitert. Am *Shiseido*-Stand gibt eine ebenfalls bebrillte Kosmetikerin ihrer Kundin eine Gesichtsmassage mit einem vibrierenden Kissenstab. Unmittelbarer wird die Begegnung zwischen Kundin und Personal nicht. Wenn Vorgesetzte einen Grund hätten, ihre Verkäuferinnen zu bitten, Kontaktlinsen zu tragen, dann in diesem Bereich, denn schließlich soll das Gesicht der Verkäuferin ja als lebende Werbefläche für die Produkte fungieren, die sie empfiehlt.

Ich mache, obwohl es sicher gegen die ungeschriebenen Gesetze japanischer Diskretion und vielleicht sogar gegen das Hausrecht verstößt, so unauffällig, wie ich es mir in ägyptischen Basaren, pakistanischen Moscheen angewöhnt habe, Handyfotos, um mir später selbst beweisen zu können, dass all diese Brillenträgerinnen tatsächlich hier vor Ort waren. Denn natürlich glaube ich, was in der Zeitung steht, zumindest wenn es sich um seriöse Blätter wie die *FAZ*, die *Süddeutsche* oder den *Spiegel* handelt. Hingegen misstraue ich meiner eigenen Erinnerung mit zunehmendem Alter immer mehr: Oft weiß ich nicht, ob ich Dinge in der Wirklichkeit, in einem Film oder in einem besonders realistischen Traum gesehen habe. Manchmal sind die Bilder, mit denen ich mir vorstelle, was ich lese oder was mir jemand erzählt, so präzise und detailliert, dass ich sie nach einiger Zeit mit echten Wahrnehmungen verwechsle.

Unvermittelt trete ich aus den weißen Verkaufsräumen in die zentrale Haupthalle. Wie in einem Tempel öffnet sich der Raum nach oben, wo er in einem abgeflachten Tonnengewölbe aus farbigen Glasornamenten ausläuft. Auf allen sechs Etagen gehen die Verkaufsräume von hier aus in jeweils vier Richtungen ab. Statt mit weißem Marmor sind die Pfeiler mit rotbraunem Travertin, Balustraden und Treppenaufgänge mit rosafarbenem Granit verkleidet. Aus einem geometrischen Schwarzweißfußboden erhebt sich eine riesige Holzskulptur in tausend vielfarbigen Schwüngen. Es muss sich um die Figur der Göttin Magokoro handeln, von der ich im Reiseführer ge-

lesen habe. Sie wurde 1960 aufgestellt und ist fast elf Meter hoch. Der Künstler, Gengen Satō (1888–1963), hat über zehn Jahre daran geschnitzt. Aus Gewandfalten werden Wellen-, Laub- und Wolkenformationen, die sich ineinander verschlingen und in wilden Strudelbewegungen dem Himmel entgegenschrauben. Erst auf den dritten Blick entdecke ich in der Überfülle der geschnitzten Bewegungen das fahlweiße Gesicht der Göttin, ihre Hände, deren rechte eine komplizierte Stellung der abgespreizten Finger zeigt, wie sie im indischen Tanz verwendet wird. Die Göttin Magokoro steht für Ehrlichkeit und Aufrichtigkeit. Vermutlich soll sie ebenso sehr ein Versprechen an die Kunden wie eine Mahnung an Eigentümer und Personal sein. Weiter oben schält sich unter einem schaukelnden Baldachin ein Phönix aus dem Gewirr der Linien und Formen. Wenn Gengen Satō den Auftrag um 1950 erhalten hat, wird vielleicht die Wiedergeburt der Stadt und des Kaufhauses aus der Asche des Krieges den Hintergrund für den Phönix gebildet haben. Mein Blick wandert hinauf und herunter, verliert sich in immer neuen Details.

Es ist das erste Mal, dass ich ein Kunstwerk aus dem 20. Jahrhundert sehe, das – obwohl es einer gänzlich anderen religiösen Sphäre entstammt – im Hinblick auf handwerkliche Virtuosität und visionären Wahnsinn an die Schnitzaltäre der Spätgotik heranreicht, vor denen ich aufgewachsen bin. Ein Teil von mir steht da, staunt und bewundert, während der andere, geprägt von der Kunst der westlichen Moderne, das Gebilde als Monumentalkitsch abtut, mit dem man sich nicht weiter zu beschäftigen braucht.

An japanischen Kunsthochschulen soll es – ebenso wie in China – Klassen zur Ausbildung in den eigenen Traditionen und Techniken und solche für »Westkunst« geben. Aber natürlich muss ein Japaner, der im globalen Ausstellungszirkus eine Chance haben will, Formensprache und Geistigkeit der japanischen Ästhetik entweder so ummodeln, dass sie in die westlich bestimmten Diskurse passen, oder aber sich gleich ganz der »Westkunst« zuwenden. Autoreflexive Bezugnahmen auf Elemente der eigenen Kultur sind dabei durchaus erlaubt, suggerieren sie doch einerseits Authentizität und stabilisieren andererseits »unsere« – das heißt die westlichen – Vorstellungen von der ewigen Andersartigkeit der Anderen, ganz gleich ob es nun Japaner, Inder oder Afrikaner sind. Dieselben Museumsleute, die zur Zeit intensiv damit befasst sind, ihre Sammlungen auf koloniales Raubgut zu durchforsten, die bei Ausstellungen größten Wert auf global-diverse Zugänge legen und *cultural appropriation* aufs Schärfste verurteilen, würden niemals einen japanischen Künstler zu einem der großen internationalen Kunstevents einladen, der in seinem Werk tatsächlich den eigenen Traditionen treu bliebe. Erst wenn er seine Arbeit durch den Wolf der pseudo-philosophisch-kritisch-selbstreferentiellen Diskurse des Westens gedreht, sie also aus ihrem Ursprungskontext und dessen Entwicklungen herausgelöst hat, darf er mitspielen.

Schon die Malerei der Nihonga-Schule, die gegen Ende der Meiji-Zeit versuchte, eine zukunftsfähige, nicht-europäisierte japanische Gegenwartskunst zu entwickeln, taucht in keiner internationalen Übersichtsausstellung zur Kunst des 20. Jahrhunderts auf, da sie sich weder vom Gegenständlichen löst noch die Darstellungsweisen der Vergangenheit »dekonstruiert« – um eine Lieblingsvokabel der Kunstsprache zu zitieren.

Ein Japaner, der heute eine Landschaft tuschen würde, wie sie hier seit sieben- oder achthundert Jahren getuscht wird, oder eben eine solche Götterfigur schnitzte wie Gengen Satō, dabei dem Konzept der ruhigen Fortschreibung folgte und darauf beharrte, dass aus der wiederholenden Übung nach Jahrzehnten Meisterschaft jenseits eines oberflächlichen Individualismus erwüchse, fiele unweigerlich durch alle Kuratorenraster, selbst wenn er irgendwann behutsam seinen eigenen Beitrag zur Weiterentwicklung der überlieferten Formen leisten würde, denn de facto herrschen im Kunstbetrieb – allen politisch korrekten Schutzbehauptungen zum Trotz – noch immer ausschließlich die theoretischen Ansätze der »Westkunst«, die sich selbst zur »Weltkunst« erklärt hat.

Nichtsdestoweniger werden an dieser Stelle zahlreiche modern eingestellte Japaner Einspruch erheben und mir vorhalten, dass ich ihnen aufgrund meiner exotistischen Verklärung des alten Japan eine Art Ethno-Retro-Kunst verordnen will, wie sie seit über hundert Jahren vor allem von Vertretern des nationalistisch reaktionären Spektrums propagiert werde.

Wahrscheinlich würde ich nicht einmal widersprechen, sondern mich leicht verbeugen und mit einem lachenden »Sumimasen« entschuldigen, dass ich mich vom Schwung meiner eigenen These habe mitreißen lassen. [11]

Ich gehe zurück zu den Rolltreppen und fahre hinauf in den sechsten Stock, wo es laut Plan unter anderem Teezeremonie-Utensilien und Wechselausstellungen gibt.

---

11 Während ich dies schreibe, stoße ich in der *Zeitschrift für Ideengeschichte*, Heft XIII,2 Sommer 2019, auf eine öffentlich geführte Auseinandersetzung zwischen dem deutschen Geologen Edmund Naumann (1854–1927) und dem berühmten japanischen Schriftsteller Mori Ōgai (1862–1922) von 1886. Naumann hatte in einem Vortrag seine Sorge um die Eigenständigkeit der japanischen Kultur durch die zunehmende Nachahmung der westlichen Moderne zum Ausdruck gebracht, während Ōgai, der in Deutschland Medizin studiert hatte, die Modernisierung Japans für notwendig und wünschenswert hielt. Schon damals scheinen sich der vom alten Japan mit seinen Traditionen bezauberte Europäer und der auf Fortschritt und Entwicklung seines Landes setzende Japaner ziemlich verständnislos gegenübergestanden zu haben.

Außer in der Kimono-Abteilung sehe ich bei kurzen Blicken in die anderen Etagen vor allem Dinge, die ich ähnlich oder identisch auch im *KaDeWe* – vielleicht sogar bei *Kaufhof* – finden würde: internationale Damen-, Herren- und Kindermode des gehobenen Segments, Schuhe, Unterwäsche, Bettzeug. Im fünften Stock stehen geschmückte, mit Styroporschnee besprühte Tannenbäume vor weiß gedeckten Tischen voller Weihnachtsobjekte: Lebkuchenhäuser, Rentiere, Nikolausfiguren in allen Variationen, weiter hinten meine ich, eine größere Auswahl der berühmten Pyramiden aus dem Erzgebirge zu erkennen.

Der Bereich für Teezeremonie-Bedarf hingegen ist ein wenig enttäuschend. Die meisten Chawan, die in den Regalen stehen, sind von der Art, die ich niemals kaufen würde: technisch hochaufwendig hergestellte Glasurkeramik mit dekorativen Bemalungen, Vögel, Blumen, Ahornblätter – viele regelrecht scheußlich.

Doch dann komme ich zu einer Vitrine, in der zwei – offenbar zeitgenössische – Yohen-Tenmoku-Chawan und mehrere Sake-Schälchen desselben Typs ausgestellt sind. Eine der beiden Teeschalen nimmt meinen Blick sofort gefangen: Ihr Inneres ist von einem undurchdringlichen Schwarz, das alles Licht zu verschlucken scheint. Durch dieses Schwarz schweben Gruppen von hellen Flecken, die wie eine sonderbare Kreuzung aus glühenden Planeten im All und metallischen Einzellern unter dem Mikroskop

aussehen. Wenn man genau hinschaut, schimmern sie in allen Farben des Regenbogens. Das Spektrum verändert sich mit jeder Bewegung des Kopfes, selbst wenn sie nur von den Hebungen und Senkungen meines Atems herrührt. Um die Bakterienplaneten herum leuchten Höfe aus grellem Blau.

Tenmoku-Glasuren wurden vor rund neunhundert Jahren in der Nan-So-Region des Song-zeitlichen China entwickelt. Der beliebteste Typ dürfte die sogenannte »Hasenfell«-Glasur sein, doch die seltenste und kostbarste ist Yohen-Tenmoku. Es sind weltweit nur drei Teeschalen dieser Art aus alter Zeit bekannt, alle drei befinden sich in Japan: eine in Osaka, eine in Kyoto und eine in Tokio. Natürlich gehören sie – wie die Unohanagaki – zu den gerade einmal vierzehn Keramiken unter den 1100 Objekten, die zu japanischen Nationalschätzen erhoben wurden.

Über Jahrhunderte wusste niemand um das Geheimnis ihrer Herstellung, und bis heute gibt es keine schlüssige Erklärung dafür, weshalb nur so wenige Stücke die Zeiten überdauert haben – kein einziges davon im Ursprungsland China. 2009 wurden weitere Fragmente von Yohen-Tenmoku-Schalen in Lin'an (Hangzhou), der Hauptstadt der südlichen Song-Dynastie, ausgegraben. Eine Theorie, die jedoch umstritten ist, besagt, dass die Regenbogenflecken im Blau rein zufällig entstanden sind und dass die Schalen, auf denen sie sich zeigten, sofort beim

Ausnehmen des Ofens zerstört wurden, da der Regenbogen in China – anders als im Westen – als düsteres Omen galt. Auf geheimnisvollen Irrwegen müssen dann aber doch einige Exemplare nach Japan gelangt sein, wo ihnen bis heute die allerhöchste Wertschätzung entgegengebracht wird.

Mein Freund Ulrich Vollmer, der dreißig Jahre in Japan gelebt und sich dem Teeweg gewidmet hat, erzählt, dass es vor wenigen Jahren einem japanischen Keramiker gelungen sei, die Yohen-Tenmoku-Glasur zu rekonstruieren. Angeblich brennt er mehrere Tausend solcher Schalen, um eine einzige von der Qualität, die an die alten Stücke heranreicht, aus dem Ofen zu holen.

Die Teeschalen in der Vitrine kosten 1 100 000 Yen, was etwa 10 000 Euro entspricht.

Zu Beginn des 21. Jahrhunderts ist es also einem Japaner, Kyōsuke Hayashi, gelungen, das Rätsel um eine chinesische Glasur des 11. oder 12. Jahrhunderts zu lösen. Allerdings haben sich japanische Keramiker schon seit dem 13. Jahrhundert daran abgearbeitet. Nachdem der Töpfer Kato Kagemasa (1168–1249) zusammen mit Dōgen Zenji (1200–1253), dem Gründer der Soto-Schule des Zen-Buddhismus, ab 1223 das Song-zeitliche China bereist und fünf Jahre die dortigen Techniken studiert hatte, gründete er seine eigene Werkstatt in Seto. Insbesondere in dieser Region wurden seither immer wieder Versuche unternommen, Tenmoku-Glasuren zu brennen, mal mehr, mal weniger erfolgreich – eine japanische Yohen-Tenmoku aus alter Zeit gibt es nicht.

Ohne es zu wollen, schlittere ich angesichts der Schalen von Kyōsuke Hayashi in eine der heikelsten kulturhistorischen Debatten, die dieser Tage überall auf der Welt aus unterschiedlichen Blickrichtungen geführt wird: Wem gehören kulturelle Errungenschaften, künstlerische Techniken, ästhetische Setzungen? Hat Kyōsuke Hayashi mit seiner Neuschöpfung eine im Interesse des gemeinsamen Erbes der Menschheit sinnvolle Forschungsarbeit geleistet? Oder handelt es sich bei seiner Wiederentdeckung, Adaption – gerade auch vor dem Hintergrund der brutalen japanischen Kolonialgeschichte im chinesischen Osten während der 1930er Jahre – um eine hochproblematische kulturelle Aneignung, um nicht zu sagen »feindliche Übernahme«? Verändert sich die Antwort dadurch, dass China in den vergangenen zwanzig Jahren Japan hinsichtlich seiner ökonomischen und politischen Macht überholt hat? Oder ist die Fragestellung sowieso von vorneherein falsch, da Austausch und Anverwandlung von ästhetischen Positionen, Techniken und Formen jenseits historischer Macht- oder Schuldfragen seit Jahrtausenden zentraler Bestandteil nahezu aller künstlerischen Entwicklungen sind?

Vergangenes Jahr fand ich mich während einer Ausstellungseröffnung plötzlich zwischen den Fronten, als eine koreanische Kunsthistorikerin und ein Japaner unvermittelt in eine äußerst erbitterte Diskussion darüber gerieten, welches der beiden Länder bestimmte Glasuren für sich beanspruchen könne, die vierhundert Jahre zuvor im Japan Toyotomi Hideyoshis und Tokugawa Ieyasus von verschleppten koreanischen Keramikern für japanische Fürsten und Teemeister entwickelt worden waren.

Andererseits ist es noch nicht so lange her, dass westliche Liebhaber klassischer Musik japanischen, koreanischen und chinesischen Musikern trotz aller technischen Fertigkeiten die Fähigkeit, zum Beispiel eine Beethoven-Symphonie zu interpretieren, so entschieden absprachen, wie japanische Keramiker es für ausgeschlossen hielten, dass ein Europäer oder Amerikaner jemals in der Lage sein könnte, brauchbare Teekeramik herzustellen. Wobei ich gelesen habe, dass dem berühmten Dirigenten Ozawa Seiji in seinen frühen Jahren die größte Ablehnung von japanischen Orchestermusikern entgegengebracht wurde, die keinesfalls die großen Werke der europäischen Musik unter einem Japaner spielen wollten.

Bevor sich all diese Fragen so sehr verknoten, dass ich nicht einmal mehr in der Lage bin, unbefangen Essstäbchen und Lackschälchen als Mitbringsel zu kaufen, fahre ich zurück in den 5. Stock. Auf der Suche nach tauglichem japanischem Alltagsgeschirr passiere ich ein Regal mit Meissener Porzellan. Während ich es fotografiere, kommt eine Verkäuferin, entschuldigt sich ordnungsgemäß und weist mich auf das Schild mit der durchgestrichenen Kamera hin, das zwischen den Zwiebelmusterschüsseln, -schalen und -tellern steht. Merkwürdigerweise ist es dagegen nicht verboten, zwei Regale weiter die Vasen des berühmtesten japanischen Porzellanmeisters, Kakiemon XV., zu fotografieren, dessen Familienwerkstatt es seit dem frühen 17. Jahrhundert gibt. Es folgt ein Stand mit Edelstahltöpfen der Firma *Fissler*. Links hängen gusseiserne französische Bratpfannen, die gerade von einer weiteren Verkäuferin mit Brille und breiten Gesundheitsschuhen einer Kundin mit einer vermutlich nicht gefälschten *Louis Vuitton*-Handtasche vorgestellt werden.

VIII. Tempel und Kämpfe

An diesem Morgen ist der Himmel zum ersten Mal nicht makellos blau. Regenschwere Wolken hängen über den Häusern. Die obere Hälfte des Tokio Skytree, des höchsten Fernsehturms und zweithöchsten Gebäudes der Welt, verschwindet in grauem Dunst, als ich aus der U-Bahn-Station Asakusa trete, um mir endlich den Tempel anzuschauen, den Frau Okazaki mir gleich am ersten Tag so dringend ans Herz gelegt hat.

Schon vor dem Kaminarimon, dem »Donnertor«, gerate ich in ein dichtes Gedränge aus Pilgern und Touristen, wie ich es bislang noch nirgends in der Stadt erlebt habe.

Der Asakusa-Tempel ist die älteste und populärste buddhistische Stätte Tokios. Der Name bedeutet so etwas wie »niedriges Gras« und verweist auf die Legende seiner Gründung: Im Jahr 628 westlicher Zeitrechnung entdeckten zwei Fischer ganz in der Nähe eine fünf Zentimeter große Statuette aus purem Gold, als sie ihr Netz aus dem Sumida-Fluss zogen. Mehrfach warfen sie die Figur zurück ins Wasser, doch jedes Mal, wenn sie anschließend das Netz einholten, hatte sie sich wieder darin verfangen. Der Vorsteher des Dorfes erkannte, dass es sich um ein Bildnis Kannons handelte, der weiblichen Verkörperung Avalokiteshvaras, des Bodhisattvas des Mitgefühls – einer der beliebtesten Gestalten der buddhistischen Volksfrömmigkeit. Da auf die Schnelle kein würdiger Platz für die auf wundersame Weise zu ihnen gekommene Gottheit zur Verfügung stand, errichteten die Fischer ihr einen provisorischen Altar aus geflochtenem Gras. Möglicherweise war ihnen von Anfang an bewusst, dass es sich um einen sogenannten »Hibutsu«, einen »geheimen Buddha« handelte, der den Blicken schnellstmöglich wieder entzogen werden musste. Bis heute finden sich nirgends Fotos, auch keine älteren Zeichnungen oder Holzschnittdarstellungen des Gnadenbilds. Ob es überhaupt jenseits der Legende existiert, wissen vermutlich nur eingeweihte Priester und Beamte. Möglicherweise ist das »pure Gold« einfach ein Symbol für die Heiligkeit und Wunderkraft der Figur gewesen, die, einer anderen Version zufolge, in Wirklichkeit aus Holz geschnitzt und etwa fünfzig Zentimeter hoch sein soll. Zumindest was die Vorgänge rund um ihre mehrfache Bergung aus einem Fischernetz anlangt, klingt die zweite Geschichte plausibler, zumal es im frühen 7. Jahrhundert in Teilen der japanischen Bevölkerung noch beträchtliche Widerstände gegen den aus China eindringenden Buddhismus gab. Bei bilderstürmerischen Ausschreitungen und Zerstörungen wird sicher die eine oder andere Heiligenfigur im Fluss gelandet und dem

Meer entgegengetrieben sein. Möglicherweise ist die goldene Statuette auch in eine Holzplastik eingelassen gewesen, wie es im europäischen Mittelalter bei den geschnitzten Altaraufsätzen zur Reliquienaufbewahrung üblich war. So oder so sind überschaubare Geheimnisse eine gute Sache, wenn es um religiöse Praxis geht, bringen sie doch die undurchdringlichen Rätsel von Sein und Nicht-Sein, Zeit und Ewigkeit, Raum und Unendlichkeit auf einen klar umgrenzten Punkt, so dass man sich des Unbegreiflichen der Welt mit Staunen, Ehrfurcht und leichtem Schauder besinnen kann, ohne darüber den Verstand zu verlieren.

Die Fischerdörfer von Asakusa bildeten wohl die Ursprungsbesiedlung des Metropolraums Edo/Tokio, lange bevor der Shogun Tokugawa Ieyasu die Stadt 1603 zum Verwaltungs- und Regierungszentrum des nach über hundert Jahren Bürgerkrieg wiedervereinigten Reiches machte. Bis 1945 befand sich in unmittelbarer Nachbarschaft der Tempelanlagen ein weit verzweigtes Vergnügungsviertel mit einem berühmten Rotlichtdistrikt, Theatern und Läden, insbesondere für Andenken und Devotionalien. Das Heilige und das Profane – Gebet, Opfer, Geschäft und Lust – gingen jahrhundertelang nahtlos und zum gegenseitigen Nutzen ineinander über. Die Nakamise, die schmale Einkaufsstraße aus kleinen Ladenlokalen, die unmittelbar hinter dem Donnertor beginnt, führt noch immer zweihundertfünfzig Meter schnurgerade auf das Hōzōmōn, das Schatztor, zu und vermittelt zumindest eine Ahnung davon, wie es hier früher zugegangen ist.

Viele alte Gebäude des Tempelbezirks wurden bereits beim Kantō-Erdbeben 1923 zerstört, ihre Nachfolgebauten brannten während der Bombardierungen im 2. Weltkrieg abermals nieder. Die meisten der heutigen Bauwerke entstanden Ende der 1950er Jahre, die fünfstöckige Pagode, mit 53 Metern eine der höchsten in Japan, erst 1973.

Die Kannon-Figur soll den Krieg in einem unterirdischen Versteck überdauert haben.

Statt der traditionellen Holzkonstruktionen wurde beim Wiederaufbau großenteils Stahlbeton verwendet, erstens weil man nach dem Krieg auch in Japan alles großartig fand, was als »technischer Fortschritt« daherkam, und zweitens, weil dieses Material den in der Region regelmäßigen Erdbeben und vor allem den damit einhergehenden Feuersbrünsten am besten standhält.

Etwas Ähnliches, genauso begründet, hat mir ein Reiseführer vor fünfzehn Jahren über die Betonpfeiler im berühmten Glockenturm der Hutongs von Peking erzählt. Damals dachte ich allerdings, dass es so etwas in Japan bestimmt nicht geben würde, hatten die Japaner doch keine Kulturrevolution gehabt, sondern wussten noch, wie man perfekt zusammengefügte Holzarchitektur baut: Bis heute wird beispiels-

weise der Ise-Schrein, regelmäßig abgerissen und neu errichtet. Außerdem gehört die Melancholie des sanften Verfalls, den natürliche Materialien im Lauf der Zeit zeigen, zum Kernbereich der japanischen Ästhetik. Stahlbeton verfällt zwar auch – wenn er starken Naturkräften ausgesetzt ist, sogar erstaunlich schnell –, aber dieser Anblick hat nichts von der versonnenen Traurigkeit, die ein Stück verwittertes Holz oder das Craquelé einer alten Keramik vermitteln –, eher stürzt sein Anblick den Betrachter in einen Zustand völliger Trostlosigkeit.

Angesichts des eigentlich eindrucksvollen, aber auch irgendwie künstlichen Donnertors frage ich mich, was davon aus Beton und was vielleicht doch aus Holz sein könnte? Die roten Pfeiler und Querbalken erscheinen derart glatt, dass Holz keinesfalls infrage kommt. Andererseits haben die Japaner Lacktechniken entwickelt, die den makellosen Eindruck von Hartplastik erwecken können. Die beiden virtuosen Wächterskulpturen in ihren mit Maschendraht gegen Tauben gesicherten Schreinen rechts und links des Durchgangs wirken zumindest, als wären sie tatsächlich von Hand gearbeitet und nicht aus Kunstharz oder Kunststein gegossen.[12]

---

12 Später lese ich, dass zwei der vier Torfiguren 1978 von dem damals 106-jährigen Holzbildhauer Hirakushi Denshū (1871–1979) geschnitzt wurden. Dank des Internets und seiner Suchmaschinen finde ich zahlreiche andere seiner Skulp-

Ich schiebe mich im dichten Menschenstrom unter der riesigen roten, mit mächtigen schwarzen Schriftzeichen versehenen Papierlaterne durchs Tor. Die meisten Leute um mich herum haben asiatische Gesichtszüge, aber es sind nicht nur, vielleicht nicht einmal in erster Linie Japaner. Relativ häufig höre ich Chinesisch, und wieder fällt mir auf, was ich schon in der Metro und in den Kaufhäusern bemerkt habe, dass die Chinesen mehr gestikulieren, lauter sprechen, lachen und überhaupt weniger – um nicht zu sagen: gar nicht – auf Unauffälligkeit bedacht sind. Westler finden sich nur wenige unter den Besuchern, obwohl der Herbst, wenn das Ahornlaub in allen Spielarten rot leuchtet, neben der Kirschblüte eigentlich die beliebteste Jahreszeit für Japan-Reisen ist.

Wie vor sämtlichen Touristenattraktionen der Welt machen alle unablässig Fotos – hauptsächlich Selfies. Einige benutzen selbst im dichten Gedränge eigens für diesen Zweck entwickelte Teleskopstangen, um den Abstand zwischen sich und der Linse zu vergrößern. Ich weiß nicht, warum jemand meint, den größten Teil eines berühmten Bauwerks oder sonst einer Sehenswürdigkeit mit dem eigenen Kopf-Brust-Bereich verdecken zu müssen. Möglicherweise will man

turen, und wenn dereinst eine nicht vom Konzept der ewigen Avantgarde bestimmte »Weltgeschichte der Skulptur des 20. Jahrhunderts« geschrieben wird, gehört er auf jeden Fall dort hinein.

sich selbst und denen, die man kennt, beweisen, dass man tatsächlich und leibhaftig an einem bestimmten Ort gewesen ist. Vielleicht geht es vielen Leuten auch insgeheim wie mir, und die Ereignisse ihres Lebens, einschließlich der Wahrnehmung ihrer selbst, zerrinnen ihnen so schnell, dass sie Mühe haben, Träume, Fernsehbilder und Imaginationen eindeutig von wirklichen Ereignissen zu unterscheiden. Das wäre eine nachvollziehbare Erklärung, obwohl natürlich auch in Träumen Bilder auftauchen – Bilder von Bildern von Wirklichkeiten, die nichts als Vorspiegelungen eines Bewusstseins sind, das sich selbst nicht erkennt.

Irgendwie habe ich mich so sehr daran gewöhnt, dass Tokio – anders als erwartet – weder überlaufen noch beengt ist, dass mir die Menschenmassen um mich herum auf einmal befremdlich erscheinen. Plötzlich komme ich mir vor wie ein Tourist und als solcher bin ich mir selbst ein Störfaktor im Gefüge der Stadt, obwohl ich weiß, dass viele Leute mit mir und meinesgleichen ihren Lebensunterhalt bestreiten. Vermutlich findet mich keiner der Japaner, die hier etwas frittieren, verkaufen, sauber machen oder sonst einer Beschäftigung nachgehen, peinlicher als Ausländer mit ihrem durchweg unzivilisierten Benehmen ohnehin sind. Abgesehen davon galten die Japaner selber jahrzehntelang, ehe sie von den Chinesen abgelöst wurden, als vollkommene Verkörperung der Pauschalgruppenreisenden.

In den Auslagen der Nakamise wird jedenfalls alles angeboten, was es an japanischen Souvenirs gibt: Kimonos, T-Shirts mit Holzschnittaufdrucken, Fächer, Essstäbchen, Räucherwerk, dazu das gesamte Nippon-Nippes-Sortiment: Geisha-Püppchen, Winkekatzen, Buddhas, Samurai-Rüstungen, -Helme und -Schwerter in sämtlichen Größen, Materialien, Preisklassen. Dazwischen werden süße und salzige Speisen angeboten, Matcha-Eis, Mochi-Küchlein, frisch gebackene Reiscracker, Gyoza oder Tako-Yaki – die beliebten heißen Bällchen mit Oktopusfüllung, auf denen hauchdünner Katsuobushi flattert, als wäre das ganze Gebilde lebendig.

Auch wenn ich noch immer nicht weiß, ob darin nicht doch politischer Revanchismus zum Ausdruck kommt, freue ich mich über die zahlreichen jungen Frauen im Kimono mit Geta – den klassischen Holzsandalen. Einige sind in Begleitung von ebenfalls jungen Männern, die Hakama, die traditionellen Hosenröcke, wie sie auch zum Aikido-Anzug gehören, tragen. Vielleicht wächst ja doch eine Generation heran, die sich von der kulturellen Hegemonie des Westens befreit und mit einem anderen Selbstbewusstsein den eigenen Traditionen zuwendet – zumal die USA sich mittlerweile in einem derart erbärmlichen Zustand befinden, dass eigentlich niemand auf der Welt den *American way of life* noch ernsthaft für nachahmenswert halten kann. Gleichzeitig wundere ich mich, dass gerade die, die sich am japanischsten kleiden, am wenigsten auf japanisches Benehmen achten, im Gegenteil: Sie albern herum und knipsen sich unablässig in Posen, die zur Porno-Pop-Ästhetik in den sozialen Netzwerken gehören. Auch erscheint mir die aktuelle Kimono-Mode doch arg bunt und eher billig als edel. Als ich beim dritten Kimono-Paar in Folge höre, dass sie Chinesisch miteinander reden, wundere ich mich einerseits nicht mehr und andererseits erst recht: Offenbar haben junge Chinesen – trotz der japanischen Besetzung der Mandschurei während der ersten Hälfte des 20. Jahrhunderts und diverser aktueller politischer Konfliktfelder – Vergnügen daran, in Japan Japaner zu spielen – so wie sie sich in München vielleicht Dirndl und Lederhosen kaufen, bevor sie das Hofbräuhaus besuchen. Ich muss meinen Freund Peter, der gelegentlich für den Bayerischen Tourismusverband arbeitet, fragen, ob er dergleichen gesehen hat, oder ob ich mir die Chinesen im Janker ebenso einbilde wie die Renaissance traditioneller Kleidung bei jungen Japanern.

Hinter dem zweiten Tor öffnet sich der Platz, zugleich bricht die Sonne durch und löst den Hochnebel auf. Linkerhand ragt die Pagode in den Himmel. Ihre goldene Spitze wirkt, als hätte man eine Mobilfunkantenne mit einem gedrechselten Weihnachtsbaumaufsatz gekreuzt.

In den Ladenzeilen rechts und links vor der Haupt-

halle des eigentlichen Tempels kann man Räucherstäbchen kaufen, kleine Holztafeln für Wünsche, Papierstreifen, die an eigens für diesen Zweck aufgestellte Gestänge geknotet werden, und überhaupt alles, was nötig ist, um sein Karma zum Besseren zu wenden oder die Schicksalsmächte günstig zu stimmen. Dazu gibt es Schalter, wo man einen Stempel oder eine Unterschrift in sein Pilgerbuch bekommt, und Regalwände mit Hunderten kleiner Schubladen. Nachdem man dort unter lautem Scheppern einen dünnen, beschrifteten Stab aus einer sechseckigen Blechdose gezogen hat, findet man in einer der Schubladen ein Blatt mit seinem aktuellen Orakel. Ich nehme an, dass es sich um eine Art Do-it-yourself-*I-Ging* handelt. In der Mitte des Platzes steht ein von Rauchschwaden umwehtes Becken, um das sich zahlreiche Leute drängen, um ihre Räucherstäbchen darzubringen und sich im heiligen Duft zu reinigen.

Ich steige die Stufen zur Tempelhalle hinauf, werfe einige Münzen in den Opferkasten. Oben herrscht großer Andrang. Viele Besucher falten die Hände, verbeugen sich, murmeln Gebetsformeln. Tatsächlich scheinen die meisten aus religiösen Gründen hier zu sein und nicht, weil der Ort im Reiseführer als besonders gelungene Rekonstruktion des Edo-zeitlichen Tokio empfohlen wird.

Die innere Kammer des Tempels strahlt hinter einer Glasscheibe in zahllosen Nuancen golden. Rechts und

links wachsen kunstvoll geschnitzte, ebenfalls vergoldete Lotosblüten und -blätter einem schimmernden Baldachin entgegen. Dahinter stehen zwei Figuren, die an Heilige in katholischen Kirchen erinnern, einschließlich des Nimbus, der ihre Köpfe umkreist. An der Rückwand glänzt ein großes goldenes Schriftzeichen, dessen Bedeutung ich nicht kenne.

Als Kind und Jugendlicher bin ich regelmäßig zu Wallfahrtsstätten gepilgert, Marienbaum, Kevelaer, Banneux – erst mit meiner Kinderfrau, dann als katholischer Internatsschüler. Auch später habe ich solche Orte besucht, wenn sie auf dem Weg lagen, aus Sentimentalität oder unter Vorspiegelung ethnologischer Interessen: Gößweinstein, Vierzehnheiligen, der Heilige Rock in Trier. Weihrauch, Votivtafeln, die speziellen Gesten und Gebete der Pilger sind mir vertraut, auch die Stimmung aus Trost und Zuversicht, die sich dort einstellt, ganz gleich, was man glaubt. Ich weiß nicht, ob es die Unterschiede in der Ähnlichkeit oder die Ähnlichkeiten in den Unterschieden sind, die mich jetzt doppelt irritieren. Die Erinnerung an das Christentum färbt sich heidnisch ein, zugleich bekommt der ganze Raum vor mir etwas von einer barocken Theaterbühne, auf der man ebenso gut ein mythologisches Singspiel aufführen könnte. Wenn man mich in diesem Moment in die Münchner Asamkirche versetzen würde, würden mir die verschiedenen Welten endgültig durcheinandergeraten.

Langsam schiebe ich mich weiter nach vorn. Auf der Scheibe, die vom Boden bis ins reich verzierte Gewölbe reicht, sind Aufkleber angebracht, die das Fotografieren untersagen. Es ist mir schon bei anderen Tempeln und Schreinen aufgefallen, dass man nicht direkt ins Innere der Sakralräume fotografieren darf, selbst wenn dort gar nichts Spektakuläres zu sehen ist.

Ich wüsste gern, ob der Buddhismus – zumindest einige seiner Spielarten – so etwas wie ein Bilderverbot kennt? Vielleicht ist es auch ein rein japanisches Phänomen, eine Art moderne Erweiterung der Vorstellung von »geheimen Buddhas« – Bildwerken, die den Blicken entzogen und gleichsam ausschließlich für sich selbst vorhanden sind. Soweit ich weiß, gibt es dieses Konzept nur hier und niemand weiß genau, woher die Idee stammt.

Erst jetzt sehe ich, dass hinter der Glasscheibe zwei Frauen im Fersensitz hocken. Welche Aufgabe sie wahrnehmen oder weshalb sie sich direkt im heiligen Bereich aufhalten dürfen, ist nicht ersichtlich. Jedenfalls tragen sie keine religiöse Kleidung. Zu bestimmten Zeiten und Anlässen werden hier sicherlich religiöse Zeremonien durchgeführt. Blumensträuße, Räucherbecken, Klangschalen, verschiedene Leuchter und allerhand Dinge, deren Funktion ich nicht deuten kann, stehen dort in einer Anordnung, die entweder sehr komplexen oder gar keinen Gesetzen gehorcht. Letzteres kann man wahrscheinlich ausschließen.

Auch wenn ich weiß, dass es neben dem Zen zahlreiche andere buddhistische Gruppierungen in Japan gibt, wesentlich ältere und auch deutlich populärere, bis hin zu modernen Varianten, die pietistischen Freikirchen oder düsteren Psychosekten ähneln, erstaunt mich die abergläubisch überbordende Praxis, wie sie sich hier zeigt. Natürlich besteht auch Zen nicht nur aus Atmen und Sitzen vor leerer Fläche, selbst dort werden zahlreiche andere Riten praktiziert, Rezitationen, Einsegnungen. Trotzdem bin ich erstaunt, dass die Klarheit und Strenge, die ich unbewusst seit Jahrzehnten vom Zen auf sämtliche religiösen Praktiken in Japan übertragen habe, hier nicht einmal ansatzweise zu finden ist. Womöglich handelt es sich dabei ohnehin bloß um Wunschfantasien moderner Europäer und Amerikaner, die sich ab den 50er Jahren, als das Christentum für kritisch denkende Intellektuelle im Westen mehr und mehr an Glaubwürdigkeit und Strahlkraft verlor, nach einer mit den Maximen der wissenschaftlichen Weltsicht kompatiblen Spiritualität ohne Ammenmärchen und rituellen Hokuspokus sehnten. Bis heute höre ich gelegentlich, der Buddhismus, insbesondere natürlich Zen, sei gar keine Religion in diesem überkommenen Sinne – eher so etwas Philosophisches.

Aber das, was ich hier sehe, ähnelt nun gar nichts

Philosophischem, sondern erinnert eher an den wilden Götter- und Geisterglauben mit Zimbeln, Ratschen und den langgezogenen Horntönen, den man eigentlich aus Tibet, Thailand oder Sri Lanka kennt.

Ich gehe die Stufen wieder hinunter, sinnend, ratlos, ohne etwas wie religiöse Ergriffenheit zu spüren oder zumindest eine Ahnung zu haben, weshalb die Menschen seit anderthalb Jahrtausenden hierherpilgern, Opfer darbringen, Bitten und Wünsche vortragen – frage mich, woran es liegt?

Unten wende ich mich nach rechts, spaziere durch einen Garten oder Park, in dem hier und da steinerne und bronzene Buddhafiguren stehen, einige in lockeren Reihen, andere für sich allein, manche haben ihre eigenen kleinen Tempel, viele sind mit frischen Blumen geschmückt. Ein künstlicher Bach fließt zwischen Felsen, Büschen, Bäumen, Bambus durch ein Stück Landschaft, das nach einem inneren Bild dessen, was idealerweise Natur wäre, angelegt wurde. Einige der steinernen Buddhas sind bekleidet wie Kinderpuppen: Einer trägt eine rote Häkelmütze, ähnlich der Großmutter in den Rotkäppchen-Illustrationen, dazu verschiedene Umhänge und Lätzchen in Rot, Rosa und Weiß. Etwas abseits, auf einem hohen Granitsockel hockt, kniet, kauert dicht zusammengedrängt eine Gruppe von zehn oder zwölf nackten Männern, die an Neandertaler erinnern. Alle wirken erstaunt, gespannt, erschrocken, starren halb schräg in den Himmel, auf einen Berg oder ein Flugzeug in der Ferne.

Vielleicht sind sie ein Mahnmal, das an den Krieg erinnern soll? – Die Hilflosigkeit angesichts der wahllosen Zerstörung ringsum, vor der man nicht einmal mehr zu fliehen vermag, scheint in ihren Gesichtern zu stehen. Oder es ist die moderne Illustration einer alten buddhistischen Legende, die ich nicht kenne.

Ich gehe an Buden vorbei, in denen zehntausend Eulen in jeder Größe und Form angeboten werden. Einige Händler sind auf Keramiken, andere auf holzgeschnitzte Exemplare, wieder andere auf billige Plastikfiguren spezialisiert. Hinter dem letzten Laden steht eine junge Frau neben einem Gestell, auf dem ein sehr großer, lebendiger Uhu mit mächtigen Klauen und leuchtend orangen Augen hockt. Einmal plustert er sich auf, doch meist bewegt sich nur sein Kopf – äußerst aufmerksam, als würde er nur darauf warten, aufzusteigen, lautlos davonzufliegen und einem Beutetier seine Krallen in den Rücken zu schlagen.

»Wenn du das wahre Japan sehen willst, musst du nach Kyoto und Nara fahren«, haben mir in den letzten dreißig Jahren immer wieder Leute gesagt, die das Land liebten, – nicht nur Professor Kalinowski. Ich hingegen merke, dass ich gern hier, in Tokio, bin, und es beruhigt mich, dass dem so ist: Offenbar basiert meine weit zurückreichende Japan-Begeisterung

Don't touch
Shelter
ZOO
35 Owls
Fennec fox

nicht nur auf einer wie auch immer gearteten antimodernen Verweigerungshaltung oder Verklärung eines mythisch unerreichbaren Fantasielands aus Form, Geist, Schönheit und Abgrund, wie das »alte Japan« einem aus vielen Büchern, Filmen, Ritualen entgegentritt. Wider Erwarten fühle ich mich ausgesprochen wohl in dieser sonderbaren Stadt, die vielleicht schon um 1600, als der eben erst ernannte Shogun Tokugawa Ieyasu sie zu seiner Verwaltungszentrale machte, das »falsche Japan« war – das der Beamten, der Geschäfte und Oberflächlichkeiten, wo die vormals freien Daimyō aus den Provinzen ab 1635 gezwungen waren, jeweils im Wechsel mit ihren Residenzstädten ein ganzes Jahr zu verbringen, damit das Shogunat sie unter Kontrolle hatte.

Während ich hinter den Eulen erst in einen weiteren kleinen Park und dann durch eine mit trüb angelaufenem Plexiglas überdachte Einkaufspassage spaziere, die aussieht wie vergleichbare Einrichtungen in Neuss oder Wuppertal, kommt es mir vor, als wäre dieser riesige, perfekt missglückte Versuch, Japan in die Moderne beziehungsweise die Moderne nach Japan zu führen, beides zusammenzudenken, ineinanderzubauen, genau der richtige Weg, vielleicht der einzig mögliche, das Eigene in seiner ebenso zeitlosen Erhabenheit wie banalen Normalität über die Zeit zu retten: Alles andere wäre ein Leben im Freilichtmuseum.

Insofern passt es, dass ich mit Kumekawa-san nicht zu einem der großen Sumo-Turniere gehe – während der gut zwei Wochen, die ich in Tokio bin, findet einfach keins statt –, sondern zum Boxen in die *Saitama Super Arena*, wo Naoya Inoue, der beste japanische Boxer seit Masahiko »Fighting« Harada, im Finale der *World Boxing Super Series* gegen Nonito Donaire um die Weltmeisterschaft im Bantamgewicht kämpft.

Seit ich als Vier- oder Fünfjähriger spätnachts oder frühmorgens auf dem Schoß meines Vaters einen der großen Ali-Kämpfe gesehen habe, schaue ich mir mit Begeisterung Boxkämpfe an. Vermutlich handelte es sich um Alis Niederlage gegen Joe Frazier, 1971 im Madison Square Garden, denn wir hatten noch den Schwarzweißfernseher, wohnten aber bereits im neuen Haus. Dementsprechend muss es nach 1969 und vor 1972 gewesen sein, als wir zu Beginn der Olympischen Spiele in München einen Farbfernseher bekamen. Zwar erinnere ich mich nicht, wessen Arm der Ringrichter am Ende hochgehalten hat, doch neben der Spannung ist da ein Gefühl der Enttäuschung in den unbeleuchteten Hinterzimmern meines Gedächtnisses, das sich nur mit einer Niederlage Alis erklären lässt.

Als junger Sportreporter hat Kumekawa-san in den 1980er Jahren Muhammad Ali noch persönlich bei dessen Japan-Reise für ein Interview getroffen. Ich hingegen war bislang noch nicht einmal bei einem Amateurkampf live am Ring. Trotzdem habe ich ein bestimmtes Bild des typischen Publikums im Kopf und natürlich setzt es sich aus Klischees zusammen, die sich im Laufe der Jahrzehnte vor Fernsehbildschirmen angereichert haben: Don King und seine goldkettenbehängten Leibwächter, Gangsta-Rapper, Filmstars, dazu Halbweltgrößen vom Typ Kalle Schwensen samt ihrer chirurgisch und kosmetisch optimierten Freundinnen. Dementsprechend stelle ich mir vor, dass hier in Japan die Bosse der verschiedenen Yakuza-Gruppen um den Ring sitzen, ebenfalls in Begleitung schöner, leicht bekleideter Frauen.

Schon auf dem Weg halte ich Ausschau nach schwarzen Anzügen oder seidenen Bomberjacken, auf deren Rückseite Drachen- oder Tigerköpfe gestickt sind, wie ich sie aus Dokumentationen und den einschlägigen Spielfilmen kenne. Doch die Publikumsströme, die sich von überall her auf die *Saitama Super Arena* zubewegen, bestehen aus geradezu erschreckend normalen Leuten, wie man sie ebenso gut bei einem Mainstream-Popkonzert erwarten würde. Nirgends sehe ich Gruppen von Männern, die demonstrativ breitbeinig über die Straßen stolzieren, so dass alle anderen Passanten furchtsam ausweichen. Allerdings käme ein Oyabun mit seinem Gefolge wohl auch weder mit der Metro, noch nähme er einen der gewöhnlichen Publikumseingänge. Seine Leute würden dafür gesorgt haben, dass er mit seiner Limousine unmittelbar vor dem VIP-Eingang halten und aussteigen kann. Womöglich fällt das maßgeblich vom deutschen Promoter Kalle Sauerland, dem Sohn des berühmten Wilfried Sauerland, organisierte Turnier aber auch gar nicht in den Geschäftsbereich der Yakuza. Andererseits dürfte hier wie überall auf der Welt Kampfsport auf Männer krimineller Milieus eine hohe Anziehungskraft ausüben, und illegale Wetten beziehungsweise verschobene Siege bilden von jeher ein klassisches Geschäftsfeld für Geldwäsche.

Auch nachdem wir die Einlasskontrolle passiert haben, in den Korridoren, Garderoben, Treppenaufgängen der Halle, fallen mir nirgends Leute auf, die ihrem Aussehen oder Benehmen nach der Yakuza zuzurechnen wären. Ich spüre eine leise Enttäuschung, hatte ich doch gehofft, zumindest aus der Ferne einen solchen Bandenauftritt zu beobachten – und wenn es bloß Mitglieder aus den mittleren Rängen gewesen wären.

Der Innenraum der Halle ist riesig. 37000 Zuschauer finden hier Platz: doppelt so viele wie in der Berliner Mercedes-Benz-Arena. Unsere Plätze sind relativ weit oben, aber die Sicht ist erstaunlich gut. Das Halbdunkel der Arena wird von musikalisch rhythmisierten Scheinwerferchoreographien in immer neuen Farbskalen beleuchtet.

Mit Hilfe meiner Sony-Kamera zoome ich die Besucher näher heran, die sich auf den Plätzen unmittelbar am Ring niedergelassen haben. Tatsächlich sehe ich in der dritten Reihe links fünf Männer in weißen, relativ weit aufgeknöpften Hemden. Zwei tragen Glatze, zwei seitlich sehr kurz rasierte Haare mit gegeltem Scheitel, einer eine Art Irokesen-Mecki. Letzterer hat außerdem eine schwere Goldkette auf der Brust. An der Kette seines Nebenmanns hängt eine massive Goldmünze. Gegenüber, auf der rechten Seite des Rings, sitzen nahezu ausschließlich Herren in dunklen Anzügen. Die meisten tragen hellblaue Hemden, allerdings haben sich nur wenige eine Krawatte gebunden – was immer das innerhalb der japanischen Kleiderordnung bedeutet.

Wahrscheinlich hat all das überhaupt keine Aussagekraft, und ich reime mir einfach eine Geschichte zusammen, weil das Erlebnis, hier in Tokio beim ersten Boxkampf meines Lebens zu sein, noch mehr Glanz bekäme, wenn die besten Plätze im VIP-Bereich von echten Unterweltgrößen besetzt wären.

Ich überlege, Kumekawa-san nach dem Einfluss der Yakuza in der japanischen Boxszene zu fragen. Zum Beispiel weiß ich, dass einige dieser Gruppen ihre Mitglieder früher in den Karateschulen rekrutiert haben. Dann denke ich aber, dass die Frage mindestens so unangemessen wäre, als würde ich mich bei einem italienischen Literaturprofessor, der mich zu einem Champions-League-Spiel des AC Mailand eingeladen hat, als Erstes erkundigen, inwieweit die Seria A von der Mafia kontrolliert wird.

Bereits die Vorkämpfe erscheinen mir deutlich anders als im Fernsehen. Auch wenn ich schon Hunderte von Kämpfen gesehen habe, bin ich überrascht von Härte und Geschwindigkeit der Schläge.

Der erste wirkliche Höhepunkt des Abends ist der Titelkampf um den Weltmeistergürtel im Bantamgewicht der WBC-Version. Takuma Inoue, der jüngere Bruder von Naoya, steht gegen den Titelverteidiger Nordine Oubaali im Ring. Kumekawa-san hat Zweifel, ob Takuma schon stark genug für diese Herausforderung ist, obwohl er bislang noch nie verloren und natürlich das Publikum auf seiner Seite hat. Tatsächlich macht Oubaali von Anfang an den stärkeren Eindruck, auch wenn Takuma der technisch versiertere Boxer ist, extrem beweglich und schnell. Trotzdem geht er bereits in der vierten Runde nach einem schweren Treffer zu Boden, wird angezählt, rappelt sich auf und schafft es bis zum Gong. Das Publikum wirkt merklich gedämpft nach dem Niederschlag, doch der Kampf bleibt spannend. In der zwölften Runde trifft Takuma Oubaali so schwer, dass es für einen Moment so aussieht, als könnte er auf den allerletzten Metern vielleicht doch noch einen K.-O.-Sieg schaffen. Aber Oubaali, neun Jahre älter und nicht nur mit der größeren Schlagkraft ausgestattet, sondern deutlich erfahrener, geht kurz vor Schluss sogar wieder zum Gegenangriff über und gewinnt am Ende einstimmig nach Punkten.

Kumekawa-san reicht mir das Ringmagazin mit dem Porträt Naoya Inoues und sagt: »Sein Spitzname ist ›The Monster‹. Er ist wirklich sehr stark – vielleicht der beste Boxer, den Japan je hatte.«

»Leider kenne ich mich in den unteren Gewichtsklassen nicht so gut aus«, sage ich.

Es ist mir peinlich, denn es geht heute Abend nicht nur um die *Muhammed Ali Trophy*, die mit Erlaubnis von dessen Tochter Laila eigens für das Turnier geschaffen wurde, sondern vor allem um die Vereinigung der Weltmeistertitel von IBF und WBA. Als jemand, der Boxen mag, sollte ich zumindest die Namen der amtierenden Champions kennen.

Plötzlich erscheint riesenhaft vergrößert auf allen vier Videowänden, als sollten meine gesammelten japonistischen Fantasien Wirklichkeit werden, das Gesicht Beat Takeshis oder Takeshi Kitanos – je nachdem, in welcher Rolle er gerade auftritt, verwendet er verschiedene Namen. Er trägt einen hellgrauen Anzug, hat die Haare in einem seltsamen Kastanienrotblond gefärbt und sitzt auf einer Art Barhocker. Sein kantiger Schädel, dessen rechte Seite seit einem schweren Motorrollerunfall gelähmt ist, wirkt wie aus einem Granitblock gemeißelt und noch asymmetrischer als in seinen Filmen. Nur gelegentlich und

ohne erkennbaren Grund zuckt sein rechtes Auge. Er redet Japanisch. Weder werden englische Untertitel eingeblendet, noch folgt eine Übersetzung.

Es gibt keinen Filmemacher, der eine ähnlich große Bedeutung für mich hat wie Kitano. Er ist die vollkommene Verkörperung des verloren-brutalen Yakuza und der beste blinde Samurai, Zaitochi, den ich kenne. Trotz aller Unnahbarkeit und Rücksichtslosigkeit lässt er in allen Rollen irgendwo am dunklen Grund seines Inneren ein Geheimnis aufflackern, das jenseits von Gut und Böse ist. Er hat aber auch eine Dokumentarfilmreihe über berühmte japanische Künstler für den Fernsehsender NHK produziert, unter anderem mit Tsujimura Shirō, einem der wichtigsten Keramiker der Gegenwart – zum Schluss haben sie mit großem Spaß zusammen Sake-Becher gedreht. Den meisten Leuten fällt allerdings, wenn ich den Namen erwähne, noch immer nur *Takeshi's Castle* ein.

Ich stehe auf, um zu schauen, ob er tatsächlich irgendwo dort unten in der Halle ist, doch dann kommt Naoya Inoue ins Bild. Er sitzt Kitano gegenüber, ebenfalls auf einem Barhocker, in preußischblauem, dreiteiligem Nadelstreifenanzug, das Hemd mit Vatermörderkragen, graue Krawatte, die Haare frisch geschnitten, perfekt geföhnt. Das kann unmöglich jetzt sein. Inoue ist längst beim Aufwärmtraining, schwitzt, baut Spannung auf, konzentriert sich.

2018.10.7
井上 尚弥 VS ファンカルロス・パヤノ
ビートたけし×井上
ジャブではなく右の完全なストレートで
WBSS
1:37/4:54

Seine Antworten sind kurz. Er wirkt zurückhaltend, beinahe bescheiden, klar und klug – auch wenn ich keine Ahnung habe, was er sagt. Die meiste Zeit spricht ohnehin Kitano.

Zwischendurch fängt eine Livekamera ein, wie sich beide Boxer in den Katakomben für den Einmarsch bereit machen.

Nach der Ankündigung durch einen dieser Ringsprecher, die seit Michael Buffer die Namen der Boxer auf manierierte Weise endlos in die Länge ziehen, folgt zunächst der Einzug des »Filipino Flash«, Nonito Donaire. Er macht einen in sich gekehrten, geradezu unbeteiligten Eindruck, seine Musik klingt ein bisschen harmlos. Anschließend betritt unter Johlen, Kreischen, schrillen Pfiffen, wie man es von einem japanischen Publikum eigentlich nicht erwarten würde, angekündigt als »The Monster«, Naoya Inoue die Arena. Seine Hymne hat mehr Pathos und auch entschieden mehr rhythmischen Zug.

Nachdem die Boxer das Zentrum der Halle erreicht haben, wird es auf einen Schlag dunkel. Einen Moment später erstrahlen beide mit einigem Abstand voneinander auf Sockeln im Licht greller Spots, während synthetisch-symphonische Klänge irgendwo zwischen Hans Zimmer und Mozarts *Requiem* noch einmal die existenzielle Dimension des Kampfes deutlich machen. Danach die unvermeidliche Prozedur mit Fahnenappell und Nationalhymnen, wobei ich mich immer frage, weshalb sie beim Boxen gespielt werden müssen – beim Tennis oder Fechten jedoch nicht?

Donaire schlägt ein Kreuzzeichen, als der Ringsprecher zum letzten Mal vor dem Kampf seinen Namen in die Halle ruft. Die überwiegende Mehrheit der Filipinos bekennt sich zum Katholizismus. Er ist inzwischen 37, war Weltmeister in vier verschiedenen Gewichtsklassen und hat die Szene über fast zwei Jahrzehnte geprägt.

Inoue wirft seine Faust nach vorne, als wollte er einen imaginären Speer gen Himmel schleudern. Er ist elf Jahre jünger, hat noch keinen Profikampf verloren und die Buchmacher halten ihn für den Favoriten.

Nach vorsichtigem Beginn kann Inoue schon in der Mitte der ersten Runde einige klare Treffer setzen. Es zeigt sich, dass er, wie sein jüngerer Bruder, extrem beweglich im Oberkörper und schnell auf den Beinen ist. Beide werden von ihrem Vater trainiert, der einem technisch anspruchsvollen, extrem vielseitigen Stil anhängt, während Donaire eher mit fester Deckung vorwärtsmarschiert. Es ist ein ähnliches Bild wie zuvor zwischen Takuma und Oubaali.

Auch in der zweiten Runde agiert Inoue zunächst entschlossener und dynamischer, während Donaire stur seiner Linie folgt, doch dann kommt Donaire mit einer Geraden auf Inoues linke Gesichtshälfte durch, der Schlag ist sehr hart – in der anschließenden Zeitlupe sieht man, wie die Haut unterhalb der Augenbraue platzt.

»Das ist schlecht«, sagt Kumekawa-san, als wir während der Pause die Großaufnahmen der Behandlung sehen, die blutigen Mullbinden, fettigen Wattestäbchen, mit denen der Cutman die Wunde versorgt.

»Sehr schlecht«, sage ich.

Ein Cut zu diesem frühen Zeitpunkt kann leicht dazu führen, dass der Ringrichter den Kampf, wenn es zu brutal aussieht, wegen technischen K. O.s beendet, und ganz gleich, wer faktisch in Führung liegt: Der verletzte Kämpfer hat verloren.

Ein Routinier wie Donaire wird alles daransetzen, die Wunde seines Gegners mit gezielten Treffern immer weiter aufzureißen.[13]

Während Inoue versucht, mit seinen technischen Fähigkeiten, seiner Schnelligkeit und Variabilität Treffer zu setzen, boxt Donaire unbeeindruckt seinen Stil weiter, der vor allem von einer enormen Schlagkraft geprägt ist. Er strahlt etwas Unerschütterliches aus, trifft immer wieder mit solcher Wucht, dass ich ernste Zweifel habe, ob Inoue ihm auf Dauer genug entgegenzusetzen hat, zumal seine Wunde mehr und mehr zuschwellen und ihm die Sicht einschränken

---

13 Später stellte sich heraus, dass der Schlag sowohl Inoues Nase als auch dessen Augenhöhlenknochen gebrochen hat. Er selbst sagte, dass er von diesem Zeitpunkt an alles doppelt gesehen habe.

wird. In der Zeitlupengroßaufnahme eines weiteren Treffers sieht man, wie ihm das Blut im hohen Bogen aus der Nase spritzt.

Mir fällt die Manga-Reihe *Vagabound* des genialen Zeichners Inoue Takehiko ein, in deren Zentrum die zehn Jahre dauernde »Kriegerwallfahrt« des berühmtesten aller Ronin, Miyamoto Musashi (1584–1645), steht. Viele der über sechzig Kämpfe, zu denen Musashi fast alle berühmten Krieger seiner Zeit herausforderte, sind in geradezu filmischer Genauigkeit dargestellt. Schädel werden gespalten, Muskeln durchtrennt, Knochen bersten; erstorbene Schreie, letzte Atemzüge im Detail. Für Musashis Gegner endeten die Auseinandersetzungen fast immer tödlich, während gleichzeitig der Einfluss seines spirituellen Lehrers, des bedeutenden Zen-Meisters Takuan Sōhō (1573–1645), im Lauf der Jahre zunahm.

Ich frage mich, ob die geistige Dimension des Kampfes, die sowohl von Zen-Meistern als auch von Schwertkämpfern dieser Epoche in zahlreichen Schriften dargelegt wurde, für die Art, wie Inoue im Ring agiert, eine Rolle spielt? Möglicherweise blende ich aber auch einfach Zeitlupenbilder und Manga-Zeichnungen vor meinem inneren Auge übereinander, weil ich hier, in diesem Kampf, etwas vom alten japanischen Kriegergeist sehen will, selbst wenn es sich lediglich um ein Boxspektakel, eine kommerzielle Sportveranstaltung in einer noch dazu vom Westen etablierten Disziplin handelt. Trotzdem bilde ich mir ein, in der unglaublichen technischen Beherrschung, mit der Inoue schlägt, in der Hellwachheit seiner Augen, wenn sie in Großaufnahme auf dem Bildschirm erscheinen, etwas von der Konzentration jenseits der Konzentration, der Gleichgültigkeit gegenüber Leben und Tod zu erkennen, von der ich glauben möchte, dass sie das Kennzeichen der alten Schwertmeister war. Die Zeitlupenbilder zeigen schonungslos, wie die Gesichter unter der Wucht eines Treffers auseinandergerissen werden, so dass ich denke, gleich löst sich die Haut mitsamt der kompletten Wangenmuskulatur vom Knochen ab, und der nackte Schädel darunter wird sichtbar. Plötzlich begreife ich, was ich theoretisch schon lange weiß: dass Boxkämpfe manchmal tödlich enden. Und natürlich würden sie viel von ihrer Anziehungskraft verlieren, wenn diese Möglichkeit nicht im Hintergrund stünde. Trotz vorheriger medizinischer Kontrollen, verschärfter Anweisungen, wann ein Kampf abzubrechen ist, anwesendem Ringarzt, Rettungssanitätern, geht es noch immer ums Ganze. Dieses Ganze, das letztlich in jedem aller einmaligen und unwiederbringlichen Augenblicke menschlichen Lebens auf dem Spiel steht, ist im Zen immer das Ziel des gesamten Bemühens, bis hin zur Aufgabe des Bemühens, dem Loslassen jeglicher Absicht. Zumindest der Legende nach war Bodhidharma, der mythische Patriarch des Zen, zugleich der Begründer des Shaolin-Kung-Fu und somit des Ursprungs aller ostasiatischen Kampfkünste. Erst wenn der Tod als reale Möglichkeit konkret im Raum steht, gibt es keine Ablenkung, keine Ausflüchte mehr, und jeder Gedanke, jede Geste bekommt ihr volles Gewicht. Sen no Rikyū – so lautet zumindest eine der Thesen, weshalb er seinen Herrn und Freund Toyotomi Hideyoshi so lange provozierte, bis dieser ihm befahl, Seppuku zu begehen – wollte den letzten Tee im Angesicht des unmittelbar bevorstehenden Todes zubereiten, damit sein Bewusstsein ein einziges Mal der absoluten Endgültigkeit jeder Bewegung gewahr würde.

Was hier unten vor meinen Augen stattfindet, ist ein unerbittlicher Schlagabtausch in äußerstem Tempo bei ungeheurem technischen Können. Beide Boxer sind in jedem Moment fähig, einen Treffer zu landen, der den Kampf beendet – der das Hirn des Gegners mit einer solchen Wucht gegen den inneren Schädel prallen lässt, dass es gestaucht, gequetscht, irreparabel geschädigt wird. Zugleich dürften sie längst jenseits der Schmerzgrenze agieren. Gegen Ende der fünften Runde, während der Inoue zunehmend stärker wird, scheint es, als würde er Donaire gleich zu Boden schicken. Fünf, sechs schwere Schläge treffen dessen Gesicht, während er sich in die Seile drückt, nur noch irgendwie zu schützen versucht. Doch dann bricht der Gong den Schlaghagel ab.

Beide kämpfen, ohne noch einen Gedanken an Sieg oder Niederlage zu verschwenden, ohne jede Rücksicht auf sich selbst – und doch ist da nichts Chaotisch-Beliebiges. Es kommt mir vor, als gäbe es die leichte Verzögerung zwischen Aktion und Reaktion nicht mehr, die darauf beruht, dass die Wahrnehmung beziehungsweise ihre Verarbeitung dem, was passiert, immer einen Lidschlag hinterherhinkt, solange das, was wir tun, den Umweg übers Gehirn nimmt, und ich ahne, was der Zustand des »Nicht-Denkens« im Zen bedeutet: Erst wenn der gesamte Körper »sieht« und sämtliche Einzelwahrnehmungen aller Sinne zusammenführt, im zweifelsfreien Wissen um die Wechselwirkungen der Kräfte innerhalb dieser einmaligen Konstellation, entsteht das Handeln aus dem Moment und die Faust schnellt den entscheidenden Sekundenbruchteil früher heraus, als es auf den Umwegen der normalen Muskel-Hirn-Koordination möglich wäre.

Während ich schaue und denke und dabei zugleich die Bewegungen meines Denken betrachte – das Gegenteil dessen, was der Zen-Geist verlangt – , frage ich mich, wie viel von dem, was mir angesichts des Kampfes und seiner Bilder auf der Videoleinwand durch den Kopf geht, tatsächlich mit dem Geschehen im Ring zu tun hat, und was meine Kopfgeburten nach dreißig Jahren Beschäftigung mit Japan sind? Ob da tatsächlich ein fundamentaler, auf einer anderen Geistigkeit beruhender Unterschied zwischen einem japanischen Boxer und einem aus Kuba oder den USA ist?

In diesem Moment macht Inoue, nachdem er sich unter einem harten Schlag weggeduckt hat, eine abrupte Aufwärtsbewegung des Oberkörpers, in deren Folge er Donaire aushebelt, so dass dieser das Gleichgewicht verliert und zu Boden geht. Inoue hält mitten in der Drehung inne, tritt zwei Schritte zurück, stellt sich auf, nimmt eine äußerst gerade Haltung an, die offenkundig einem ganz anderen Bewegungskanon als dem des Boxens angehört, hebt die Hände in den Handschuhen wie zu einer buddhistischen Begrüßung vors Gesicht und verneigt sich tief.

Im Verlauf der achten Runde öffnet sich Inoues Cut unter schweren Treffern bedrohlich weiter, so dass Blut seine gesamte rechte Gesichtshälfte hinunterrinnt, in einem breitem Strom aus der Nase läuft, seinen Oberkörper beschmiert. Auch wenn Inoue nicht wirkt, als wäre er ernsthaft beeinträchtigt, wundere ich mich, dass der Kampf nicht abgebrochen wird.

Die Wucht der Schläge, die beide Boxer abwechselnd einstecken und austeilen, ist so, dass ich nur noch staune, was ein Mensch aushalten kann.

Gegen Ende der zehnten Runde nimmt Inoue plötzlich von irgendwoher noch einmal neue Kraft, setzt mehrere Wirkungstreffer unmittelbar hintereinander. Man sieht, dass Donaire wankt. Er rettet sich bis zum Gong, doch zum ersten Mal reicht ihm die anschließende Pause nicht, um die Benommenheit vollständig abzuschütteln. Gleich zu Beginn der elften Runde drängt Inoue Donaire, dessen Reaktionen jetzt verlangsamt wirken, mit schweren Treffern in den Rückwärtsgang, seine Fäuste landen abwechselnd am Kopf und auf dem Körper, er zeigt eine ungeheure Bandbreite unterschiedlicher Schläge. Und dann, man erkennt erst gar nicht, was genau passiert ist, so schnell ist es gegangen, dreht Donaire sich plötzlich zur Seite, trippelt von Inoue weg, ehe er auf die Knie sackt, sich krümmt. Man sieht das schmerzverzerrte Gesicht auf der Leinwand, dann noch einmal den Treffer in Zeitlupe – ein klassischer Leberhaken, so unerwartet und hart, dass Donaire es gerade noch schafft, sich ein paar Meter zu entfernen. Er kniet da, stützt sich mit den Fäusten auf dem Boden ab. Der Ringrichter beginnt, ihn anzuzählen. Es scheint, als wäre der Kampf vorbei. Doch Donaire will nicht, dass es zu Ende ist, richtet sich mit äußerster Mühe auf, kneift die Augen zusammen, beißt die Zähne in den Mundschutz. Im allerletzten Moment kommt er auf die Beine. Der Ringrichter umgreift seine Hände, um sicherzustellen, dass Donaire sie unter Kontrolle hat, gibt den Kampf noch einmal frei.

Inoue schlägt und schlägt, und doch habe ich plötzlich den Eindruck, dass er nicht die allerletzte Kraft in seine Fäuste legt. Donaire weicht aus, hält mit Mühe die Deckung oben, seine Arme sind schwer. Er wankt, macht hier und da Ausfälle, steht nicht sicher, wird wieder und wieder getroffen. Doch er fällt nicht.

Wenn ich sehe, wie Inoue auch jetzt, in der zwölften Runde, nach der härtesten Auseinandersetzung seiner bisherigen Karriere, noch Kombinationen wie aus dem Lehrbuch schlägt, wenn ich die ungeheure Vielfalt seines Schlagrepertoires anschaue, die Perfektion, mit der er es einsetzt, bin ich sicher, dass das Training unter seinem Vater seit Jahren, Jahrzehnten genau so gnadenlos abläuft wie das eines Schwertkämpfers der Momoyama-Zeit, der von Kind auf nach endlosen Wiederholungen der immer gleichen Bewegungsabläufe irgendwann in der Lage war, auf jeden Angriff in jeder Situation angemessen, dabei technisch makellos und völlig unerwartet zu antworten. Zugleich frage ich mich, während ich den Gedanken hin und her bewege, ob er nicht doch wieder nur das Ergebnis europäischer Japan-Verklärung darstellt – wo die Grenze zwischen exotistischer Zuschreibung und respektvoller Anerkennung anderer kultureller Praktiken verläuft?

Mit dem Schlussgong fallen sich beide Männer in die Arme. Inoue blutet stark aus der Nase, aber der Cut hat gehalten. Donaires Gesicht ist eine einzige Schwellung. In ein oder zwei Tagen wird sein ganzer Kopf grün und blau sein. Er weiß, dass er verloren hat, auch ohne das Urteil der Punktrichter gehört zu haben.

»Das war wirklich ein guter Kampf«, sagt Kumekawa-san.

»Unfassbar«, sage ich.

Mein besonderer Dank gilt Prof. Dr. Mario Kumekawa und Prof. Dr. Markus Joch für die Einladung, als Writer in Residence an die ehrwürdige Keiō-Universität, Tokio, zu kommen, und für die wunderbare Zeit, die ich dort mit ihnen und ihren Studenten verbringen durfte.

Außerdem danke ich Christoph Hendricks, der mir vor Ort vieles gezeigt, erklärt und eingeordnet hat, Dr. Alexander Hofmann, Dr. Annegret Bergmann, Jan Kollwitz, Nandini Howe, Veronika und Carla Peters für zahlreiche Anregungen und die kritische Durchsicht des Textes, Prof. Dr. Irmela Hijiya-Kirschnereit und Ulrich Vollmer für ihre Bereitschaft, immer wieder meine unzähligen Japan-Fragen zu beantworten, und nicht zuletzt Thomas Brussig, ohne dessen Vermittlung ich es womöglich niemals bis nach Japan geschafft hätte.

Christoph Peters wurde 1966 in Kalkar geboren. Er ist Autor zahlreicher Romane und Erzählungsbände und wurde für seine Bücher mehrfach ausgezeichnet, u.a. mit dem Wolfgang-Koeppen-Preis (2018) und dem Thomas-Valentin-Literaturpreis der Stadt Lippstadt (2021). Christoph Peters lebt heute in Berlin. Zuletzt erschienen von ihm bei Luchterhand »Das Jahr der Katze« (2018) und der »Dorfroman« (2020).

Matthias Beckmann wurde 1965 in Arnsberg geboren, studierte in Düsseldorf und Stuttgart und lebt heute in Berlin. Seine umfangreichen dokumentarischen Zeichnungsserien über ausgewählte Orte und Institutionen entstehen direkt vor dem Motiv. Er arbeitet auch an Zeichentrickfilmen. Werke von Matthias Beckmann befinden sich in vielen öffentlichen Sammlungen. www.matthiasbeckmann.com

MIX
Papier aus verantwortungsvollen Quellen
FSC® C014496

Penguin Random House Verlagsgruppe FSC® N001967

2. Auflage

Neumarkter Straße 28, 81673 München
Illustrationen: © Matthias Beckmann
Satz: Uhl + Massopust, Aalen
Druck und Einband: GGP Media GmbH, Pößneck
Covergestaltung: buxdesign, München
Covermotiv: Matthias Beckmann
Printed in Germany
ISBN 978-3-630-87663-4

www.luchterhand-literaturverlag.de